P... ...r
r... ...t
avoir envie de cuisiner, pour soi, sa famille ou ses amis. Sortez de la routine, c'est le moment d'essayer des plats qui changent un peu et de combiner des saveurs nouvelles. Pas de soucis : la réussite est garantie puisque ces recettes sont déjà « passées trois fois à la casserole » avant de vous être proposées. Alors, à vos fourneaux !

Sommaire

Programme santé	4
Menus pour une semaine	9
Brunchs	10
Repas légers	28
Plats principaux	46
Desserts	86
Glossaire	115
Table des recettes	118

Dans les valeurs énergétiques détaillées pour chaque recette, l'abréviation IG désigne l'index glycémique.

Programme santé

Une activité physique régulière ainsi qu'une alimentation pauvre en matières grasses (matières grasses saturées notamment) et riche en aliments frais permettent de préserver son capital santé. En respectant cette règle simple, vous éviterez de prendre du poids (on sait tous combien il est difficile de perdre les kilos installés) et vous pourrez généralement stabiliser votre taux de cholestérol et votre tension artérielle, deux éléments déterminants pour limiter les risques de troubles cardiaques et les problèmes liés au diabète.

Les besoins alimentaires de chacun peuvent varier en fonction du mode de vie et d'un certain nombre de critères physiologiques. Les besoins d'un homme exerçant une activité sédentaire sont ainsi moins importants que ceux d'un travailleur manuel. De la même manière, la nature n'étant pas toujours très juste, certaines personnes devront davantage contrôler leur alimentation que d'autres. Il n'en demeure pas moins aujourd'hui que, dans les pays riches, beaucoup de gens se nourrissent à la fois trop et mal. Par manque de temps ou par facilité, la tentation est grande de succomber aux attraits des plats tout prêts ou de se laisser à grignoter sandwiches et autres fast-foods… Or la plupart de ces préparations sont riches en mauvaises graisses, favorisant le développement de surcharges pondérales ou de problèmes de santé encore plus graves, comme le diabète, l'hypertension, les troubles cardiaques, voire certains cancers.

QUELQUES NOTIONS SIMPLES

Sans jouer les nostalgiques, il faut rappeler que l'alimentation de nos ancêtres était naturellement très équilibrée, avec une consommation importante de graines, céréales complètes, fruits et légumes frais, noix et légumineuses. Relativement pauvres en graisses saturées, ces aliments sont en revanche très riches en nutriments énergisants, comblant ainsi les besoins des plus actifs. Inversement, nous consommons aujourd'hui trop de graisses saturées et peu de fibres. De la même manière, les accros aux plats à emporter mangent souvent beaucoup de mauvais sucres et une quantité impressionnante de substances diverses qui, si elles masquent généreusement le manque de goût des aliments, contribuent à déséquilibrer leur alimentation. Enfin, la richesse de nos sociétés a rendu beaucoup plus courante la consommation de produits comme la viande, riche en protéines, mais qui contient aussi des quantités élevées de lipides.

Les glucides

S'il faut limiter la consommation de graisses saturées, il est indispensable d'inclure davantage de glucides dans l'alimentation. Les produits riches en glucides présentent l'avantage de rassasier plus rapidement que les aliments riches en graisses et sont une excellente source d'énergie. En manger régulièrement contribue à éviter les « petits creux ». D'autant qu'en règle générale, quand la fringale s'installe, on a tendance à se jeter sur les chips, tranches de saucisson et autres petits plaisirs peu diététiques, qui se transforment vite en graisse corporelle…

Les glucides proviennent principalement des végétaux (céréales, graines, fruits, légumes et légumineuses), mais les produits laitiers en contiennent aussi. Les diététiciens recommandent des portions substantielles de céréales, légumes, riz et pâtes, suivies de légumes et de fruits. Les produits laitiers devraient être consommés avec modération ; la viande, le sucre, le beurre et denrées équivalentes seront consommés en quantités restreintes.

L'index glycémique

Si une alimentation riche en glucides est préférable à un régime trop gras, certains types de glucides sont davantage recommandés que d'autres. Des recherches récentes en matière nutritionnelle ont donné naissance à la notion d'index glycémique, qui est une classification des glucides en fonction de leur impact sur les niveaux de glycémie dans l'organisme. Mises au point à l'origine pour aider les gens atteints de diabète, ces recherches ont montré que le contrôle de l'index glycémique permettait de résoudre les problèmes de surcharge pondérale et de limiter les troubles cardiaques.
La valeur de référence de l'index glycémique est le glucose pur, très hyperglycémiant, qui présente le taux le plus élevé (100). Les glucides assimilés faiblement et qui libèrent moins de glucose dans le sang ont des teneurs plus faibles (55 ou moins), tandis que ceux qui sont aisément digérés et bien assimilés ont un index plus élevé (70 ou plus).
Les aliments à index glycémique moyen (ou intermédiaire) présentent des teneurs allant de 55 à 70. Mais on peut arriver à l'équilibre en associant des aliments pauvres en graisses et possédant un index glycémique élevé, dès lors qu'on les associe à des quantités équivalentes d'aliments à faible index glycémique. Il en résultera un régime sain avec un index glycémique intermédiaire. L'essentiel est de consommer des aliments à teneur en glycémie faible ou intermédiaire et pauvres en graisses saturées.

Fibres

Les fibres alimentaires sont essentiellement des matières végétales indigestes qui n'ont aucune valeur nutritive. Elles ne sont pas absorbées par l'organisme mais elles favorisent le transit intestinal et filtrent le cholestérol en excédent dans les sucs digestifs, indispensables au maintien des bactéries intestinales saines. En règle générale, les glucides riches en fibres ont des teneurs en glycémie plus faibles et contribuent à soulager les « petits creux ». Un régime riche en fibres est bénéfique pour les gens souffrant d'un diabète de type 2 et les nutritionnistes recommandent au moins 30 g de fibres par jour. Pour absorber une quantité suffisante de fibres, on préférera les légumes crus ou cuits et les fruits, ainsi que les céréales complètes, le son et les pains aux céréales.

Les graisses saturées

Consommées en abondance, les graisses saturées sont très mauvaises pour la santé, car elles font grimper le taux de cholestérol dans le sang et contiennent davantage de kilojoules que d'hydrates de carbone ou de protéines. Selon des recherches récentes, une alimentation trop riche en graisses saturées peut provoquer à terme, chez les sujets sensibles, des maladies cardiovasculaires graves ainsi que certaines formes de cancers. Ces graisses sont surtout présentes dans les viandes rouges ou certaines viandes blanches comme le porc, les produits laitiers et certaines huiles végétales. Elles ne sont pour autant pas à bannir totalement de notre alimentation, car elles comportent des vitamines liposolubles (A, D, E et K), sont très énergétiques (donc indispensables aux personnes qui font des efforts physiques importants) et apportent certains acides gras essentiels favorables au maintien de la structure des membranes cellulaires. Pour les adultes en bonne santé, il est préférable de réduire leur consommation quotidienne à moins de 8 % de l'apport calorique total. Les graisses saturées ont tendance à se solidifier à température ambiante ; on les trouve principalement dans les produits d'origine animale, comme le beurre, la crème, la peau du poulet, la graisse de la viande, le fromage, le saindoux.

Le sodium

Si le sel est indispensable à la saveur des plats, il faut savoir en limiter la consommation. Car cet aliment peut générer des hausses de tension artérielle, d'où des risques accrus de troubles cardiaques et d'infarctus. Mais le sodium reste essentiel ; l'apport quotidien recommandé est de 920 mg à 2 300 mg, soit de 2,3 à 5,8 g de sel. Ce niveau peut être atteint grâce au sel qui se trouve naturellement dans les aliments frais et dans certains produits industriels. Si vous achetez des plats préparés ou des produits sous-vide, choisissez ceux qui portent les mentions suivantes : « Sans ajout de sel » ou « À contenance réduite en sel ». Évitez les denrées très riches en sodium comme les chips, les noix salées et les plats à emporter. Ayez la main légère au moment de cuisiner et posez une salière sur la table. Enfin, privilégiez d'autres ingrédients comme le poivre, les herbes fraîches ciselées, le jus de citron, le vinaigre balsamique, l'ail, le piment, etc. Fabriquez votre moutarde, sauce tomate, chutney ou sauce aux piments sans y ajouter de sel. Utilisez des épices moulues, des oignons et des poireaux, du vin et du vinaigre pour relever vos préparations.

ASTUCES POUR UNE ALIMENTATION SAINE À INDEX GLYCÉMIQUE MOYEN

Ne coupez pas les aliments trop finement afin de préserver les fibres. Car plus les morceaux sont petits, moins ils sont riches en fibres, et leur index glycémique augmente en conséquence. En outre, les morceaux plus gros rassasient mieux que les préparations en purée ou émincées.

Ne mixez pas trop les aliments.

Ne faites pas trop cuire les aliments.

Assaisonnez vos mets avec du vinaigre ou du jus de citron.

Mangez beaucoup de céréales, de légumes et de fruits en variant le plus possible les aliments.

Ajoutez des fruits, du lait écrémé ou du yaourt dans les céréales du petit déjeuner pour en faire baisser l'index glycémique.

Choisissez des pains complets ou à graines plutôt que des pains à farine blanche et à texture fine.

Consommez du riz doongara (sans gluten) ou du riz basmati, des patates douces, et faites cuire les pâtes *al dente*.

Ajoutez des légumes secs, tels que pois cassés, haricots, lentilles, pois chiches, à vos soupes et ragoûts.

ALIMENTS À INDEX GLYCÉMIQUE ÉLEVÉ

Melon, dattes, litchis
Riz blanc, pain blanc, pommes de terre
Boissons énergétiques
Citrouille, fèves, navets
Petits pains en couronne, pain de seigle, biscuits salés croquants
Dragées, gâteaux à la noix de coco, gâteaux roulés
Tofu surgelé et pudding de tapioca à base de lait

ALIMENTS À INDEX GLYCÉMIQUE FAIBLE

Riz doongara et riz basmati
Pâtes *al dente*
Sarrasin, boulgour, orge et son
Flocons de céréales
Pains complets, pains aux fruits
Pita, pumpernickel (pain noir)
Carottes, kumaras (patates douces), pois et maïs
Pois chiches, haricots de Soissons et cannellini
Germes de soja et autres produits dérivés
Pommes, poires et oranges
Fruits à noyau (cerises, abricots et prunes)
Raisins, raisins secs et abricots secs
Soupe à la tomate, soupe de lentilles
Lait ou yaourt écrémé ou demi-écrémé

Pourquoi les diabétiques doivent-ils privilégier les aliments à index glycémique bas ? Tout simplement parce que les glucides lents (à index glycémique faible) apportent de l'énergie sur le long terme au lieu d'être assimilés rapidement ; ils permettent donc aux personnes souffrant de diabète de mieux gérer leur taux de glucose, limitant ainsi les risques de complication médicale. Inversement, les sportifs, en période de compétition ou d'entraînement intensif, ont intérêt à choisir des aliments à index glycémique élevé pour répondre aux besoins de leur organisme (de la même manière, les diabétiques souffrant de chute importante de glucose dans le sang pourront ponctuellement avoir recours à ce type d'aliments). Il faut d'ailleurs rappeler que la plupart des aliments à index glycémique élevé, comme les pommes de terre, contiennent d'autres substances nutritives essentielles, telles que fibres alimentaires, vitamines, minéraux, et peuvent être inclus dans un régime sain et équilibré, à condition d'être consommés sans excès.

Des recherches ont montré que les personnes ayant une alimentation qui privilégie les aliments à index glycémique élevé ont davantage de risque de souffrir de diabète de type 2. Si leur alimentation est en outre pauvre en fibres, ces risques sont presque doublés. Il apparaît également que les régimes à index glycémique élevé multiplient les risques de maladies cardiaques, en prenant bien évidemment en compte d'autres facteurs tels que l'âge, le sexe, le poids, etc.

De nombreux experts estiment par ailleurs que le mode de vie préconisé pour les personnes souffrant de diabète – des activités physiques régulières et une alimentation riche en fibres et pauvre en graisses saturées – devrait être recommandé à tous. Car une nourriture riche en fibres et pauvre en glucides permet de réduire la consommation de calories. Recourez à l'index glycémique pour choisir les aliments qui vous permettront de gérer au mieux votre poids sans limiter les apports énergétiques et de maintenir le taux de glucose dans le sang à un bon niveau. Un régime équilibré n'est pas forcément synonyme de restriction drastique car il existe une très large gamme d'aliments naturels et sains pouvant être consommés par les personnes désirant contrôler ou réduire leur poids. Au point de départ, il faut avant tout accepter de changer certaines habitudes alimentaires. Si vous consommez du pain complet plutôt que du pain blanc, davantage de fruits et de légumes, vous pourrez réduire l'index glycémique sans trop de peine.

Les recettes de cet ouvrage vous montreront comment préparer des plats légers, sains et délicieux à la fois. Comme ils sont aussi faibles en graisses saturées, ils vous aideront sans peine à limiter votre taux de cholestérol et vous permettront d'éviter d'éventuels problèmes de santé pour l'avenir.

MANGEZ DES LÉGUMES

Pour rester en forme et vous sentir bien dans votre peau, consommez des légumes en abondance… Cinq portions par jour est la quantité recommandée. Des études récentes ont montré que les substances phytochimiques (qui existent naturellement dans les végétaux) et les antioxydants (qui empêchent la destruction de l'ADN) contenus dans les légumes peuvent jouer un rôle important dans la prévention du cancer et des maladies cardiaques.

Mangez beaucoup de tomates (bonne source de vitamine C), des épinards (riches en vitamines B, en fer et en acide folique) et des brocolis (riches en fibres et en calcium).

Ayez toujours du céleri, des carottes, du fenouil, du concombre, etc., lavés et parés dans votre réfrigérateur. Ils vous aideront à combler les petits creux de fin d'après-midi ; s'ils sont déjà préparés, vous aurez moins envie de vous jeter sur un paquet de biscuits… N'hésitez pas également à faire des jus de légumes.

Servez une salade verte à chaque repas. Utilisez du jus de citron frais ou du vinaigre balsamique ainsi que des herbes pour la vinaigrette.

Accompagnez vos pâtes de sauces maison ou de légumes. Fleurs de brocoli ou de chou-fleur, pois mange-tout, petits pois, oignon rouge haché, champignons émincés, tomates cerises ou fenouil en fines lamelles peuvent aisément être ajoutés à des pâtes chaudes.

Mangez des légumes rôtis ou grillés. Carottes, citrouille, patates douces, navets et betteraves peuvent être rôtis au four et se manger nature. Aubergines, poivrons, courgettes ou oignons rouges grillés font des accompagnements délicieux.

Les soupes maison peuvent être merveilleuses si vous savez varier les plaisirs. Préférez les soupes avec des légumes en morceaux aux soupes mixées car elles sont plus riches en fibres. Utilisez des épices pour les rehausser.

Les étals des marchés et des grandes surfaces sont très richement achalandés. Faites votre choix parmi cette vaste sélection, en privilégiant les légumes de saison. Il y a bien sûr les grands classiques : carottes, poireaux, tomates, choux, pommes de terre, courgettes…, mais on trouve aussi depuis quelques années de nouvelles variétés, ainsi que des légumes oubliés (topinambour, panais, rutabaga, salsifis) qui permettent de réaliser des recettes variées. Enfin, pensez aux champignons, qui peuvent s'accommoder de multiples façons…

PROGRAMME DE REPAS POUR LA SEMAINE

	PETIT DÉJEUNER	DÉJEUNER	DÎNER	DESSERT
LUNDI	• Porridge aux flocons d'avoine (page 12) • 1 pomme • 1 tranche de pain complet	• 2 tranches de pain aux céréales avec du fromage blanc et de la salade • 1 orange	• Filets de rouget grillés aux légumes sautés (page 50) • 80 g de riz complet	• Muffins aux abricots (page 106)
MARDI	• 2 galettes épaisses à la margarine allégée • 1 yaourt aux fruits allégé	• Salade de poulet au citron vert et aux piments • 1 pomme • 2 tranches de pain complet	• Hachis parmentier aux lentilles (page 57) • Salade verte	• Muffins aux fraises et à la rhubarbe
MERCREDI	• Müesli aux fruits secs • 1 banane	• 150 g de pêches en conserve dans leur jus naturel • 1 yaourt allégé (parfum de votre choix) • 1 verre de jus d'orange	• Blancs de poulet farcis et purée de pommes de terre à la crème de maïs (page 46) • Carottes et brocolis à la vapeur	• Une petite boîte de fruits non sucrés en conserve • 1 boule de glace allégée (parfum de votre choix)
JEUDI	• Compote d'agrumes (page 16) • 2 tranches de pain aux céréales grillées, tartinées de margarine allégée	• Velouté de kumaras à la coriandre (page 28) • 1 petit pain complet	• Carré d'agneau aux herbes (page 60) • Choux de Bruxelles à la vapeur	• Gelée à la mangue (page 114)
VENDREDI	• Müesli aux fruits frais (page 22) • 2 tranches de pain complet grillé à la margarine allégée	• Salade de riz aux pois chiches et aux fruits secs (page 38) • 1 poire	• Nouilles sautées au tofu (page 64)	• Brownie au chocolat (page 102)
SAMEDI	• Pancakes aux fraises, sauce aux myrtilles (page 26)	• 125 g de haricots secs à la tomate et deux tranches de pain complet grillées • 1 pomme	• Steak de bœuf maigre grillé • 1 pomme de terre en robe de chambre agrémentée d'un yaourt nature • Salade verte • 1 petit pain aux céréales	• Strudel aux abricots (page 95)
DIMANCHE	• Toasts grillés au jambon et aux œufs (page 20) • 1 yaourt allégé aux fruits	• Salade niçoise (page 35) • 1 orange • 1 petit pain aux céréales	• Rôti de porc farci (page 66) • Pommes de terre nouvelles et haricots verts à la vapeur	• 2 boules de glace allégée (parfum de votre choix)

Brunchs

Pancakes au maïs et confiture de tomates rôties aux piments

Pour 4 personnes.

PRÉPARATION 20 MINUTES • CUISSON 1 H 25

180 ml de lait écrémé
2 œufs, légèrement battus
160 g de farine complète à levure incorporée
1/2 c. c. de bicarbonate de soude
1/2 c. c. de paprika fort
2 épis de maïs moyens
1 petit poivron rouge, finement haché
2 oignons verts, en tranches fines
2 c. s. de persil plat, ciselé

Confiture de tomates rôties

2 tomates moyennes
1 petit oignon rouge, finement haché
1 gousse d'ail, pilée
2 c. c. de gingembre frais râpé
60 ml de jus de citron vert
2 c. s. de sucre roux
2 petits piments rouges, finement hachés

1 Mélangez le lait et les œufs. Tamisez la farine, le bicarbonate de soude et le paprika dans un récipient. Formez un puits au centre et versez progressivement le mélange lait-œufs en travaillant les ingrédients à la fourchette jusqu'à obtention d'une pâte lisse. Prélevez les grains de maïs à l'aide d'un couteau pointu, puis ajoutez-les dans la pâte. Incorporez le poivron, les oignons et le persil. Mélangez bien.

2 Versez 60 ml de pâte dans une poêle antiadhésive légèrement graissée. Étalez la pâte à l'aide d'une spatule et laissez cuire 2 minutes de chaque côté, jusqu'à ce que le pancake soit légèrement doré. Retirez-le de la poêle et réservez-le au chaud. Répétez l'opération avec le reste de pâte. Servez les pancakes chauds avec la confiture de tomates rôties.

Confiture de tomates rôties Préchauffez le four à 170 °C. Coupez les tomates en deux et disposez-les sur une plaque légèrement graissée. Faites-les rôtir 30 minutes au four. Coupez grossièrement les tomates. Mélangez-les avec les autres ingrédients dans une casserole et faites cuire la préparation à feu doux, en remuant sans cesse, jusqu'à ce que le sucre soit dissous. Portez à ébullition. Baissez le feu et laissez mijoter 40 minutes, jusqu'à ce que la confiture épaississe.

Par portion lipides 5 g ; 299 kcal ; graisses saturées 1,2 g ; fibres 8,9 g ; glucides 48,4 g ; IG = 60

L'ASTUCE DU CHEF

La confiture de tomates rôties sera plus savoureuse si vous la préparez au moins 2 jours à l'avance.

Porridges

Dans le cadre d'un régime strict, il est préférable de préparer ces porridges avec de l'eau, mais vous pouvez opter pour du lait écrémé si les consignes de votre médecin ne sont pas trop sévères. Les quantités indiquées pour chaque type de porridge correspondent à 4 portions

CÉRÉALE	Quantité	Liquide de trempage	Liquide de cuisson	Cuisson	Par portion
FLOCONS DE RIZ	75 g	375 ml	180 ml	10 minutes	175 g Lipides 0,5 g ; 57 kcal ; graisses saturées 0,1 g ; fibres 0,6 g ; glucides 14,8 g
FLOCONS D'ORGE	75 g	375 ml	180 ml	25 minutes	150 g Lipides 0,1 g ; 66 kcal ; graisses saturées 0,1 g ; fibres 2,1 g ; glucides 11,5 g
FLOCONS D'AVOINE	60 g	375 ml	125 ml	10 minutes	175 g Lipides 1,3 g ; 56 kcal ; graisses saturées 0,2 g ; fibres 1 g ; glucides 9,3 g
FLOCONS DE SEIGLE	75 g	375 ml	375 ml	50 minutes	175 g Lipides 0,5 g ; 59 kcal ; fibres 2,3 g ; glucides 12,1 g

1 Mélangez les céréales et le liquide de trempage dans un récipient. Couvrez et laissez reposer toute une nuit à température ambiante.

2 Versez le mélange dans une casserole et portez à ébullition, en remuant sans cesse, puis ajoutez le liquide de cuisson. Baissez le feu et laissez mijoter en respectant le temps de cuisson indiqué dans le tableau ci-dessus. Servez chaud avec la garniture de votre choix.

Les garnitures proposées ici sont suffisantes pour une portion de porridge.

125 ml de lait écrémé	lipides 0,1 g ; 45 kcal ; graisses saturées 0,1 g ; fibres 0 g ; glucides 6,5 g
1 c. c. de miel	lipides 0 g ; 23 kcal ; graisses saturées 0 g ; fibres 0 g ; glucides 22,2 g
1 c. s. de yaourt écrémé à la vanille	lipides 0 g ; 16 kcal ; fibres 0 g ; graisses saturées 2,4 g ; glucides 2,4 g
1 pincée de cannelle	lipides 0 g ; 2 kcal
1/2 banane écrasée	lipides 0,1 g ; 57 kcal ; graisses saturées 0 g ; fibres 5,1 g ; glucides 45,8 g
1 c. s. de fruits secs	lipides 0,1 g ; 37 kcal ; graisses saturées 0,1 g ; fibres 1,1 g ; glucides 13 g
2 c. c. de noix de coco râpée, grillée	lipides 2 g ; 19 kcal ; graisses saturées 1,7 g ; fibres 0,4 g ; glucides 0,2 g

Flocons d'orge

Flocons de riz

Flocons de seigle

Flocons de sarrasin

Flocons d'avoine

Muffins aux dattes

Pour 12 muffins.

PRÉPARATION 15 MINUTES • CUISSON 25 MINUTES

100 g de son non traité
375 ml de lait écrémé
185 g de farine à levure incorporée
100 g de sucre roux
2 c. c. de cannelle en poudre
90 g de margarine allégée, légèrement fondue
1 œuf
160 g de dattes séchées, dénoyautées et hachées menu

1 Préchauffez le four à 150 °C. Graissez un moule à muffins de 12 alvéoles.

2 Mélangez le son et le lait dans un récipient et laissez reposer 5 minutes.

3 Tamisez la farine, le sucre, la cannelle au-dessus du récipient et mélangez bien. Ajoutez la margarine, l'œuf et les dattes et mélangez grossièrement. Versez la préparation dans le moule préparé.

4 Faites cuire 25 minutes au four. Démoulez les muffins sur une plaque métallique et laissez-les refroidir.

Par portion lipides 4,1 g ; 177 kcal ; graisses saturées 0,8 g ; fibres 5,7 g ; glucides 30,6 g ; IG = 70

Porridge de riz aux raisins secs

Pour 4 personnes.

PRÉPARATION 10 MINUTES • CUISSON 30 MINUTES

100 g de riz long
125 ml d'eau
500 ml de lait écrémé
1 c. s. de sucre roux
40 g de raisins secs
1 pincée de muscade
160 ml de lait écrémé chaud, supplémentaire

1 Mélangez le riz et l'eau dans une casserole et portez à ébullition. Baissez le feu et laissez mijoter sans couvrir jusqu'à ce que tout le liquide soit absorbé.

2 Ajoutez le lait, le sucre et les raisins secs ; faites cuire à feu doux 20 minutes, en remuant de temps en temps, jusqu'à ce que le riz soit tendre. Incorporez la muscade ; servez chaud avec le lait supplémentaire.

Par portion lipides 0,4 g ; 188 kcal ; graisses saturées 0,2 g ; fibres 0,7 g ; glucides 38,6 g ; IG = 50

Salade d'agrumes

Pour 4 personnes.

PRÉPARATION 20 MINUTES

2 gros citrons verts
3 grosses oranges
2 pamplemousses roses moyens
2 c. c. de sucre
1/2 gousse de vanille, fendue en deux
1 c. s. de petites feuilles de menthe fraîche

1. Râpez finement le zeste d'un citron vert et d'une orange. Pelez les fruits à vif (en retirant la peau blanche, très amère) avec un couteau bien affûté.
2. Prélevez les quartiers d'agrumes au-dessus d'un récipient pour recueillir tout le jus. Grattez l'intérieur de la gousse de vanille au-dessus du récipient pour en détacher les graines. Ajoutez le sucre, la gousse de vanille, le zeste de citron vert et le zeste d'orange. Mélangez délicatement.
3. Laissez reposer 5 minutes à température ambiante ; garnissez de feuilles de menthe.

Par portion lipides 0 g ; 96 kcal ; graisses saturées 0 g ; fibres 4,8 g ; glucides 24 g ; IG = 35

Milk-shake aux fraises

Pour 4 personnes.

PRÉPARATION 10 MINUTES

200 g de yaourt écrémé à la fraise, congelé
250 g de fraises
1 l de lait écrémé

1 Faites légèrement ramollir le yaourt, puis coupez-le en cubes. Équeutez les fraises et coupez-les en deux.
2 Mixez le yaourt, les fraises et le lait en plusieurs fois, jusqu'à obtention d'un mélange lisse.

Par portion lipides 3,5 g ; 187 kcal ; graisses saturées 2,3 g ; fibres 1,4 g ; glucides 27 g ; IG = 30

Mousse légère au café

Pour 4 personnes.

PRÉPARATION 5 MINUTES

1 l de lait écrémé
250 ml de mousse au chocolat allégée
250 ml de glace au chocolat allégée
1 c. s. de café soluble
1/2 c. c. d'essence de vanille

Mixez tous les ingrédients en plusieurs fois jusqu'à obtention d'une mousse légère.

Par portion lipides 4 g ; 214 kcal ; graisses saturées 0,9 g ; fibres 0,2 g ; glucides 19,3 g ; IG = 35

Milk-shake pêche-banane

Pour 4 personnes.

PRÉPARATION 10 MINUTES

500 ml de lait de soja écrémé
4 pêches moyennes, grossièrement coupées
2 bananes moyennes, grossièrement coupées
1/2 c. c. de cannelle en poudre

Mixez tous les ingrédients en plusieurs fois, jusqu'à obtention d'un mélange lisse.

Par portion lipides 0,9 g ; 152 kcal ; graisses saturées 0,1 g ; fibres 3,7 g ; glucides 29 g ; IG = 45

Crêpes de sarrasin au citron

Pour 4 personnes.

PRÉPARATION 10 MINUTES • CUISSON 10 MINUTES

75 g de farine de sarrasin
35 g de farine de blé à levure incorporée
1 1/2 c. c. de levure
1/2 c. c. de cannelle en poudre
2 blancs d'œufs
180 ml de lait écrémé
1 c. s. de jus de citron
2 c. s. de sirop d'érable
20 g de margarine allégée, légèrement fondue
2 c. c. de zeste de citron, grossièrement râpé

Crème au citron
80 g de crème aigre allégée
1 c. c. de zeste de citron, finement râpé
1 c. c. de sucre en poudre

1 Tamisez la farine de sarrasin, la farine de blé, la levure et la cannelle dans un récipient ; ajoutez progressivement les blancs d'œufs, le lait, le jus de citron et le sirop d'érable en fouettant régulièrement. Incorporez la margarine.

2 Versez 60 ml de pâte dans une poêle antiadhésive chaude légèrement graissée ; laissez cuire 2 minutes environ, jusqu'à ce que des bulles se forment en surface. Retournez la crêpe et prolongez la cuisson jusqu'à ce qu'elle soit légèrement dorée. Retirez-la de la poêle et réservez-la au chaud. Répétez l'opération avec le reste de pâte. Garnissez de crème au citron, décorez de zeste râpé et servez aussitôt.

Crème au citron Fouettez la crème aigre, le zeste de citron et le sucre en poudre jusqu'à obtention d'un mélange homogène.

Par portion lipides 6 g ; 200 kcal ; graisses saturées 3,3 g ; fibres 3,2 g ; glucides 28,5 g ; IG = 65

Toasts grillés au jambon et aux œufs

Pour 4 personnes.

PRÉPARATION 10 MINUTES • CUISSON 25 MINUTES

2 grosses tomates olivettes, coupées en quatre
4 œufs frais
4 tranches de pain aux céréales
2 tranches fines de jambon dégraissé
50 g de pousses d'épinards

1 Préchauffez le four à 180 °C. Tapissez de papier sulfurisé une plaque allant au four.

2 Disposez les tomates sur la plaque préparée et faites-les rôtir 25 minutes environ, jusqu'à ce qu'elles soient légèrement dorées.

3 Pendant ce temps, versez de l'eau jusqu'à mi-hauteur dans une poêle antiadhésive et portez à ébullition. Cassez 1 œuf dans un récipient et faites-le glisser délicatement dans la poêle. Répétez aussitôt l'opération avec les 3 œufs restants en prenant soin que les blancs ne se touchent pas. Portez à ébullition, puis couvrez la poêle et éteignez le feu. Laissez reposer 4 minutes, jusqu'à ce que les blancs d'œufs soient saisis.

4 Faites griller les tranches de pain. À l'aide d'une écumoire, retirez les œufs un à un de la poêle et égouttez-les sur du papier absorbant. Sur chaque tranche de pain, déposez successivement une moitié de tranche de jambon, quelques pousses d'épinards, 1 œuf et 2 quartiers de tomate. Servez aussitôt.

Par portion lipides 7 g ; 160 kcal ; graisses saturées 2 g ; fibres 2,1 g ; glucides 12 g ; IG = 60

Müesli aux fruits frais

Pour 4 personnes.

PRÉPARATION 20 MINUTES

20 g de céréales All-Bran
20 g de céréales Special K
20 g de grains de blé soufflés
250 g de fraises, équeutées
280 g de yaourt écrémé à la vanille
80 g de pulpe de fruit de la passion

1. Mélangez les céréales dans un récipient.
2. Coupez 6 fraises en deux et réservez-les. Détaillez les autres fraises en tranches fines.
3. Répartissez la moitié des céréales dans les bols de service. Ajoutez la moitié du yaourt, les tranches de fraises et la moitié de la pulpe de fruits. Ajoutez le reste des céréales et le yaourt ; garnissez des moitiés de fraises et nappez de pulpe de fruits. Servez aussitôt.

Par portion lipides 0,7 g ; 126 kcal ; graisses saturées 0,1 g ; fibres 6,4 g ; glucides 20,4 g ; IG = 60

Müesli aux fruits secs

Pour 6 personnes.

PRÉPARATION 10 MINUTES

180 g de flocons d'avoine
35 g de céréales All-Bran
1 c. s. de graines de tournesol décortiquées
55 g de raisins de Smyrne
35 g d'abricots secs, finement hachés
80 g de dattes séchées, dénoyautées et finement hachées
750 ml de lait écrémé
140 g de yaourt allégé

1 Mélangez les flocons d'avoine, les céréales, les graines de tournesol et les fruits secs dans un récipient.

2 Répartissez le müesli dans les bols de service. Versez le lait et garnissez de yaourt. Dégustez aussitôt.

Par portion lipides 4,1 g ; 270 kcal ; graisses saturées 0,7 g ; fibres 6,2 g ; glucides 47,3 g ; IG = 55

L'ASTUCE DU CHEF

Vous pouvez remplacer le lait par du jus de fruits frais.

Omelettes garnies

Pour 4 personnes.

PRÉPARATION 10 MINUTES • CUISSON 30 MINUTES

150 g de jambon dégraissé
200 g de champignons de Paris, émincés
12 blancs d'œufs
30 g de ciboulette, finement hachée
2 tomates moyennes, grossièrement coupées
45 g de cheddar allégé, grossièrement râpé

1. Détaillez le jambon en fines lanières et faites-le revenir à sec dans une poêle antiadhésive préchauffée, jusqu'à ce qu'il soit doré. Réservez-le au chaud dans une assiette, puis faites cuire les champignons dans la même poêle jusqu'à ce qu'ils se colorent.
2. Préchauffez le gril du four.
3. Battez 3 blancs d'œufs en neige ferme, puis incorporez un quart de la ciboulette. Graissez légèrement une poêle antiadhésive et faites-la chauffer, puis versez-y les œufs en neige. Laissez-les cuire à feu doux jusqu'à ce que la base de l'omelette se colore. Faites glisser l'omelette sur une assiette, puis retournez-la dans la poêle et poursuivez la cuisson jusqu'à ce qu'elle soit juste ferme. Garnissez de tomates et passez l'omelette au four jusqu'à ce que les tomates soient légèrement grillées. Ajoutez un peu de fromage râpé, quelques lanières de jambon et des champignons, puis pliez l'omelette en deux pour enfermer la garniture. Faites glisser l'omelette sur une assiette de service et réservez-la au chaud.
4. Répétez l'étape 3 de manière à obtenir trois autres omelettes. Servez aussitôt. Vous pouvez accompagner ces omelettes de tranches de pain complet grillées.

Par portion (sans le pain) lipides 6,3 g ; 165 kcal ; graisses saturées 1,7 g ; fibres 7,4 g ; glucides 3 g ; IG = 0

Pancakes aux fraises, sauce aux myrtilles

Pour 4 personnes.

PRÉPARATION 15 MINUTES • CUISSON 20 MINUTES

1 jaune d'œuf
3 blancs d'œufs
125 ml de compote de pomme
1 c. c. d'essence de vanille
560 g de yaourt allégé nature
280 g de farine complète à levure incorporée
250 g de fraises, équeutées et grossièrement coupées

Sauce aux myrtilles
150 g de myrtilles, grossièrement hachées
2 c. s. de sucre
1 c. s. d'eau

1 Battez les blancs en neige ferme dans un récipient.
2 Mélangez le jaune d'œuf, la compote de pomme, l'essence de vanille, le yaourt, la farine et les fraises dans un autre récipient ; incorporez les blancs d'œufs battus.
3 Versez 60 ml de pâte dans une poêle antiadhésive chaude, légèrement graissée, puis étalez la pâte à l'aide d'une spatule pour former une galette ronde. Faites cuire 2 minutes à feu doux, jusqu'à ce que des bulles se forment à la surface. Retournez la crêpe et faites-la cuire jusqu'à ce qu'elle soit légèrement dorée. Retirez-la de la poêle et couvrez-la pour la garder au chaud. Répétez l'opération jusqu'à ce qu'il ne reste plus de pâte. Servez avec la sauce aux myrtilles.

Sauce aux myrtilles Mélangez tous les ingrédients dans une casserole et portez à ébullition en remuant constamment. Baissez le feu et laissez mijoter 2 minutes. Laissez refroidir. Mixez les myrtilles jusqu'à obtention d'une sauce lisse.

Par portion   lipides 3,4 g ; 391 kcal ; graisses saturées 0,8 g ; fibres 10 g ; glucides 67 g ; IG = 55

Repas légers

Velouté de kumaras à la coriandre

Pour 4 personnes.

PRÉPARATION 10 MINUTES • CUISSON 35 MINUTES

D'origine polynésienne, le kumara est une variété de patate douce à chair orangée. Il est vendu dans les magasins de produits exotiques.

1 c. c. d'huile de colza
2 poireaux moyens, grossièrement coupés
3 gousses d'ail, coupées en quatre
2 kumaras moyens, grossièrement coupés
1 l de bouillon de volaille dégraissé
160 ml de lait en poudre allégé
40 g de coriandre fraîche, finement hachée

1 Faites chauffer l'huile dans une casserole et faites cuire le poireau avec l'ail en remuant, jusqu'à ce qu'il soit tendre. Ajoutez le kumara ; prolongez la cuisson pendant 5 minutes, sans cesser de remuer. Versez le bouillon et portez à ébullition. Baissez le feu et laissez mijoter 20 minutes environ.

2 Mixez la soupe en plusieurs fois, jusqu'à obtention d'une préparation lisse, puis réchauffez-la à feu doux. Laissez mijoter quelques minutes en remuant, pour que la soupe épaississe légèrement. Ajoutez le lait en poudre et la coriandre. Mélangez bien et servez aussitôt.

Par portion   lipides 2,9 g ; 210 kcal ; graisses saturées 0,7 g ; fibres 6,8 g ; glucides 34,6 g ; IG = 50

Soupe de betteraves

Pour 4 personnes.

PRÉPARATION 10 MINUTES • CUISSON 35 MINUTES

- 1 c. c. d'huile d'olive
- 1 petit oignon, grossièrement haché
- 1 gousse d'ail, pilée
- 3 betteraves moyennes, grossièrement coupées
- 1 pomme moyenne, grossièrement coupée
- 1 l de bouillon de légumes
- 125 ml d'eau
- 60 ml de jus de citron
- 1/4 c. c. de sauce Tabasco
- 1/2 pépino (concombre libanais), épépiné et finement haché
- 1/2 petit oignon rouge, finement haché
- 1 c. s. de crème aigre, allégée

1 Faites chauffer l'huile dans une casserole et faites revenir l'oignon et l'ail jusqu'à ce qu'ils se colorent. Ajoutez les betteraves, la pomme, le bouillon et l'eau ; portez à ébullition. Baissez le feu et laissez mijoter 20 minutes, jusqu'à ce que la betterave soit cuite.

2 Mixez la soupe jusqu'à ce qu'elle soit lisse. Ajoutez le jus de citron et le Tabasco ; couvrez et conservez au réfrigérateur, jusqu'au moment de servir.

3 Mélangez le pépino, l'oignon et la crème aigre dans un bol de service. Servez la soupe très froide, accompagnée de ce mélange.

Par portion lipides 3,4 g ; 124 kcal ; graisses saturées 1,4 g ; fibres 4,7 g ; glucides 17,2 g ; IG = 55

Pommes de terre rôties, condiment à la tomate

Pour 6 personnes.

PRÉPARATION 15 MINUTES • CUISSON 40 MINUTES

1 kg de pommes de terre nouvelles
huile végétale
1 c. c. de sel
1 c. c. de poivre noir du moulin
4 tomates moyennes, finement hachées
1 petit oignon, finement haché
2 c. s. de sucre roux
2 c. s. de vinaigre de vin rouge
1 c. c. de moutarde à l'ancienne

1 Préchauffez le four à 200 °C.
2 Coupez les pommes de terre en quatre dans le sens de la longueur et étalez-les sur une plaque allant au four. Avec un pinceau de cuisine, badigeonnez-les légèrement d'huile. Salez et poivrez. Faites rôtir 30 minutes au four, en les retournant régulièrement, pour qu'elles soient dorées de toutes parts.
3 Mettez la tomate, l'oignon, le sucre, le vinaigre et la moutarde dans une casserole et portez à ébullition. Baissez le feu et laissez mijoter 30 minutes, jusqu'à épaississement. Servez avec les pommes de terre.

Par portion lipides 1,2 g ; 228 kcal ; graisses saturées 0,1 g ; fibres 4,5 g ; glucides 29,5 g ; IG = 70

Galettes de tofu, sauce aux piments

Pour 40 galettes.

PRÉPARATION 15 MINUTES • CUISSON 15 MINUTES

300 g de tofu ferme frais
150 g de riz basmati cuit
3 c. c. de pâte de curry rouge
2 oignons de printemps, finement hachés
1 c. s. de coriandre fraîche, grossièrement coupée
1 œuf légèrement battu

Sauce aux piments
1/2 petit oignon rouge, finement haché
1/2 petite carotte, finement hachée
1/2 pépino (concombre libanais), épépiné et finement haché
2 c. s. de coriandre fraîche, grossièrement hachée
80 ml de sauce aux piments douce
60 ml de vinaigre blanc
110 g de sucre en poudre
1/2 c. c. de sel
180 ml d'eau

1. Pressez le tofu entre deux planches à découper. Posez un poids dessus et inclinez légèrement les planches au-dessus d'un plat pour permettre au liquide de s'écouler. Laissez reposer 20 minutes. Coupez grossièrement le tofu, puis mixez-le jusqu'à obtention d'un mélange homogène.

2. Préchauffez le four à 170 °C. Tapissez de papier sulfurisé une plaque allant au four.

3. Mélangez le tofu, le riz, la pâte de curry, les oignons, la coriandre et l'œuf.

4. Façonnez des petites galettes avec cette préparation et disposez-les sur la plaque préparée. Faites cuire 10 minutes au four, jusqu'à ce qu'elles soient légèrement dorées. Servez avec la sauce aux piments.

Sauce aux piments Mélangez l'oignon, la carotte, le pépino, la coriandre et la sauce aux piments dans un bol de service. Mettez le vinaigre, le sucre, le sel et l'eau dans une casserole et portez à ébullition. Laissez bouillir 2 minutes en remuant sans cesse, jusqu'à ce que le sucre soit dissous. Versez cette sauce dans le bol. Mélangez bien.

Par portion lipides 1,7 g ; 78 kcal ; graisses saturées 0,3 g ; fibres 0,8 g ; glucides 12,9 g ; IG = 45

Rouleaux de printemps au poulet

Pour 4 personnes.

PRÉPARATION 30 MINUTES • CUISSON 5 MINUTES

200 g de blancs de poulet
1 c. s. de basilic frais, grossièrement haché
1 c. s. de menthe fraîche, grossièrement hachée
1 c. s. de vinaigre de vin blanc
1 carotte moyenne
1/2 poivron rouge moyen
1/2 pépino (concombre libanais), épépiné
4 galettes de riz carrées de 16 cm de côté
2 c. s. de cacahuètes grillées, finement hachées
3 c. s. de jus de citron vert
6 c. s. de sauce de soja
1 c. c. de gingembre frais, râpé

1 Mélangez le poulet, le basilic, la menthe et le vinaigre dans un récipient. Couvrez et conservez 10 minutes au réfrigérateur.

2 Détaillez la carotte, le poivron et le concombre en bâtonnets.

3 Faites cuire le poulet sur un gril légèrement graissé jusqu'à ce qu'il soit doré. Laissez reposer 5 minutes ; coupez-le en tranches fines.

4 Plongez les galettes de riz une à une dans un récipient d'eau chaude pour qu'elles s'assouplissent ; séchez-les délicatement avec du papier absorbant et étalez-les sur un torchon humide. Répartissez les bâtonnets de légumes et les tranches de poulet sur un des côtés de chaque galette, en laissant les bords supérieurs et inférieurs vides. Parsemez de cacahuètes hachées. Rabattez les bords sur la garniture, puis formez des petits rouleaux. Mélangez le jus de citron vert, la sauce de soja et le gingembre râpé. Présentez cette sauce dans des petites coupelles.

Par portion lipides 6,5 g ; 213 kcal ; graisses saturées 1,4 ; fibres 2,1 g ; glucides 22,5 g ; IG = 55

Salade niçoise

Pour 4 personnes.

PRÉPARATION 15 MINUTES • CUISSON 5 MINUTES

100 g de haricots verts, parés
2 x 180 g de thon au naturel, égoutté
1 petit oignon rouge, en tranches fines
2 oignons de printemps, en tranches fines
250 g de tomates cerises, coupées en deux
100 g de mesclun (mélange de pousses de salade)
2 c. c. de zeste de citron, râpé
125 ml de jus de citron
1 c. s. de moutarde à l'ancienne
2 gousses d'ail, pilées
2 c. c. de sucre

1 Faites cuire les haricots à l'eau ou à la vapeur jusqu'à ce qu'ils soient juste tendres ; laissez refroidir. Coupez-les en deux.

2 Mélangez les haricots, le thon, les oignons, les tomates et le mesclun dans un saladier.

3 Mélangez le zeste de citron, le jus de citron, la moutarde, l'ail et le sucre. Fouettez le tout et versez sur la salade. Remuez délicatement et servez aussitôt.

Par portion lipides 2,3 g ; 136 kcal ; graisses saturées 0,7 g ; fibres 3,1 g ; glucides 7,3 g ; IG = 25

Pains garnis à l'agneau et au taboulé

Pour 8 personnes.

PRÉPARATION 35 MINUTES • CUISSON 10 MINUTES

Préparé sans levure, le pain lavash se présente sous la forme de galettes rondes et très plates. Il est généralement conditionné sous cellophane et se trouve au rayon frais de la plupart des grandes surfaces. Le sumac est une épice moyen-orientale au goût légèrement acidulé, que l'on peut acheter dans les épiceries fines. À défaut, remplacez-le par du cumin moulu.

250 ml d'eau
80 g de boulgour
300 g de pois chiches en conserve, égouttés et rincés
95 g de yaourt allégé
1 c. c. de zeste de citron, râpé
2 c. s. de jus de citron
3 oignons de printemps, en tranches fines
2 tomates moyennes, épépinées et finement hachées
1 pépino (concombre libanais), épépiné et finement haché
80 g de persil plat frais, grossièrement haché
40 g de menthe fraîche, grossièrement hachée
250 g d'agneau maigre, coupé en lanières
2 c. s. de sumac
8 galettes de pain lavash

1. Mélangez le boulgour et l'eau dans un récipient ; laissez reposer 30 minutes. Égouttez ; pressez le boulgour avec les mains pour éliminer l'excédent d'eau.
2. Préparez l'houmous : mixez les pois chiches, le yaourt, le zeste de citron et la moitié du jus de citron jusqu'à obtention d'un mélange homogène. Réservez au frais.
3. Mélangez le boulgour, les oignons, les tomates, le concombre et les herbes dans un récipient ; ajoutez le reste du jus de citron. Mélangez délicatement.
4. Mettez le sumac et l'agneau dans un récipient et mélangez avec les mains pour que la viande soit bien enrobée d'épice, puis faites-la griller sur une plaque en fonte ou au barbecue, jusqu'à ce qu'elle soit dorée de toutes parts.
5. Au moment de servir, étalez l'houmous sur chaque galette de pain, puis garnissez de taboulé et de morceaux d'agneau. Roulez les galettes pour enfermer la garniture. Coupez en petits tronçons pour servir.

Par portion lipides 4,9 g ; 311 kcal ; graisses saturées 1,4 g ; fibres 7,7 g ; glucides 48,4 g ; IG = 55

Salade de riz aux pois chiches et aux fruits secs

Pour 6 personnes.

PRÉPARATION 15 MINUTES • CUISSON 10 MINUTES • RÉFRIGÉRATION 1 HEURE

Pour cette recette, nous avons choisi du riz doongara, un riz sans gluten d'origine australienne. Il a un index glycémique plus faible que la plupart des autres variétés de riz. Vous pouvez le remplacer par du riz basmati.

- **200 g de riz doongara**
- **430 ml d'eau**
- **300 g de pois chiches en conserve, rincés et égouttés**
- **40 g de raisins secs**
- **35 g d'abricots secs, finement hachés**
- **2 oignons de printemps, émincés**
- **2 c. s. de pignons de pin, grillés à sec**

Sauce à l'orange et au vinaigre balsamique

- **1 c. c. de zeste d'orange, finement râpé**
- **80 ml de jus d'orange**
- **1 c. s. de vinaigre balsamique**
- **1 gousse d'ail, pilée**
- **1 c. c. de gingembre frais, râpé**

1 Mélangez le riz et l'eau dans une casserole à fond épais ; portez à ébullition. Baissez le feu et laissez mijoter 8 minutes. Retirez du feu, couvrez et laissez reposer 10 minutes. Remuez les grains à la fourchette pour les aérer. Laissez refroidir à température ambiante, puis conservez 1 heure au réfrigérateur.

2 Au moment de servir, mélangez le riz avec les autres ingrédients dans un saladier. Versez la sauce à l'orange et au vinaigre balsamique. Remuez délicatement.

Sauce à l'orange et au vinaigre balsamique Mélangez tous les ingrédients dans un bocal à couvercle ; secouez bien.

Par portion lipides 4,3 g ; 222 kcal ; graisses saturées 0,2 g ; fibres 2,1 g ; glucides 26,7 g ; IG = 45

Soupe indienne au poulet

Pour 4 personnes.

PRÉPARATION 10 MINUTES • CUISSON 25 MINUTES

1 c. s. de margarine allégée
1 oignon moyen, finement haché
1 gousse d'ail, pilée
1 c. c. de curry en poudre
100 g de riz doongara (voir page 38)
340 g de blancs de poulet, en tranches fines
500 ml d'eau
1 l de bouillon de volaille dégraissé
4 courgettes moyennes, grossièrement râpées

1 Faites fondre la margarine dans une casserole et faites revenir l'oignon et l'ail jusqu'à coloration. Ajoutez le curry et prolongez la cuisson jusqu'à ce que le mélange embaume.

2 Ajoutez le riz et le poulet ; laissez cuire 2 minutes en remuant, puis versez l'eau et le bouillon. Portez à ébullition. Baissez le feu, couvrez et laissez mijoter 10 minutes. Incorporez les courgettes et poursuivez la cuisson pendant 5 minutes. Servez aussitôt.

Par portion lipides 6,7 g ; 262 kcal ; graisses saturées 2,1 g ; fibres 2,7 g ; glucides 25,7 g ; IG = 45

Salade de poulet au citron vert et aux piments

Pour 4 personnes.

PRÉPARATION 20 MINUTES • CUISSON 10 MINUTES

250 ml d'eau
250 ml de bouillon de volaille dégraissé
340 g de filets de poulet
1 petite carotte
1 petit poivron rouge, en tranches fines
1/2 chou chinois, émincé
2 oignons de printemps, finement hachés
60 g de germes de soja
40 g de feuilles de coriandre fraîches
100 g de feuilles de cresson

Sauce au citron vert et aux piments
60 ml de jus de citron vert
2 c. s. de sauce aux piments douce
1 gousse d'ail, pilée
1 c. s. de sauce aux huîtres
1 c. c. d'huile de sésame

1. Portez l'eau et le bouillon à ébullition dans une casserole. Baissez le feu, ajoutez le poulet et laissez mijoter 10 minutes, jusqu'à ce qu'il soit cuit. Laissez-le refroidir dans le liquide de cuisson avant de l'égoutter. Jetez le liquide de cuisson ; détaillez le poulet en tranches fines.
2. Détaillez la carotte en allumettes, puis mélangez-la dans un saladier avec le poulet, le poivron, le chou, l'oignon, les germes de soja, la coriandre et le cresson. Versez la sauce au citron vert et aux piments. Remuez délicatement.

Sauce au citron vert et aux piments Mélangez les ingrédients dans un bocal à couvercle hermétique ; secouez bien.

Par portion   lipides 6,7 g ; 179 kcal ; graisses saturées 1,8 g ; fibres 4 g ; glucides 7,2 g ; IG = 25

Soupe à l'orge et aux champignons

Pour 4 personnes.

PRÉPARATION 10 MINUTES • CUISSON 55 MINUTES

300 g de champignons bruns suisses, coupés en quatre
1 gousse d'ail, pilée
2 c. c. de sauce de soja
1 l d'eau
1 petit oignon, émincé
1 l de bouillon de volaille dégraissé
100 g d'orge ou de blé perlé
1 branche de céleri, grossièrement coupée
2 petites carottes, grossièrement coupées
1/2 c. c. de poivre noir du moulin

1 Mélangez les champignons, l'ail, la sauce de soja et 2 cuillerées à soupe d'eau dans une poêle antiadhésive chaude et faites cuire le tout jusqu'à ce que les champignons soient tendres.

2 Faites revenir l'oignon dans une casserole légèrement graissée jusqu'à ce qu'il se colore. Versez le bouillon et le reste d'eau ; portez à ébullition. Ajoutez l'orge, baissez le feu, couvrez et laissez mijoter 30 minutes.

3 Incorporez la préparation aux champignons dans la casserole, ajoutez le céleri, les carottes et le poivre. Laissez cuire encore 20 minutes.

Par portion lipides 2,7 g ; 145 kcal ; graisses saturées 0,7 g ; fibres 6,4 g ; glucides 21,7 g ; IG avec orge = 25 ; IG avec blé = 50

Rouleaux de poulet à l'indienne

Pour 4 personnes.

PRÉPARATION 20 MINUTES • MARINADE 12 HEURES • CUISSON 15 MINUTES

2 blancs de poulet
1 c. s. de pâte de curry tikka masala
700 g de yaourt allégé
2 pépinos (concombres libanais), épépinés et finement hachés
30 g de menthe fraîche, grossièrement hachée
1 petit oignon rouge, finement haché
4 pains pita
100 g de mesclun

1. Détaillez chaque blanc de poulet en deux escalopes fines. Mettez-les dans un récipient, ajoutez la pâte de curry et 2 cuillerées à soupe de yaourt, puis mélangez bien jusqu'à ce que la viande soit recouverte de marinade. Couvrez et laissez reposer toute une nuit au réfrigérateur.

2. Faites cuire le poulet en plusieurs fois sur un gril préchauffé, jusqu'à ce qu'il soit doré. Laissez reposer 5 minutes, puis coupez-le en tranches fines.

3. Mélangez le concombre, la menthe, l'oignon et le reste du yaourt. Au moment de servir, étalez ce mélange sur les pains pita, garnissez de poulet et de mesclun et roulez chaque pain pour enfermer la garniture. Servez aussitôt.

Par portion lipides 6,3 g ; 298 kcal ; graisses saturées 1,7 g ; fibres 2,9 g ; glucides 25,3 g ; IG = 40

Tacos au bœuf et à la salsa de tomate

Pour 4 personnes.

PRÉPARATION 15 MINUTES • CUISSON 20 MINUTES

1 gousse d'ail, pilée
80 g de bœuf maigre, haché
1/2 c. c. de piment en poudre
1/4 c. c. de cumin moulu
300 g de haricots blancs en conserve, rincés et égouttés
2 c. s. de concentré de tomates
125 ml d'eau
1 tomate moyenne, hachée grossièrement
4 tacos
1/4 de salade croquante, en lanières

Salsa de tomate

1/2 pépino (concombre libanais), épépiné et finement haché
1/2 petit oignon rouge, finement haché
1 petite tomate, épépinée, finement hachée
1 c. c. de sauce aux piments douce

1 Préchauffez le four à 150 °C.
2 Faites chauffer une poêle antiadhésive légèrement graissée et faites revenir l'ail et le bœuf en remuant régulièrement. Ajoutez le piment, le cumin, les haricots, le concentré de tomates, l'eau et la tomate hachée. Couvrez et laissez cuire 15 minutes à feu doux, jusqu'à ce que le mélange épaississe légèrement.
3 Faites griller les tacos 5 minutes au four.
4 Au moment de servir, garnissez les tacos de préparation au bœuf, de salade verte et de salsa de tomate.

Salsa de tomate Mélangez tous les ingrédients dans un récipient et réservez au frais.

Par portion lipides 4,6 g ; 156 kcal ; graisses saturées 1 g ; fibres 6,8 g ; glucides 18,4 g ; IG = 50

Bruschette à la ratatouille

Pour 4 personnes.

PRÉPARATION 15 MINUTES • CUISSON 20 MINUTES

4 mini-aubergines, détaillées en cubes
3 petites courgettes vertes, détaillées en cubes
100 g de champignons de Paris, grossièrement coupés
250 g de tomates cerises, coupées en deux
1 petit poireau, coupé en tronçons de 5 mm
2 gousses d'ail, pilées
1 c. s. d'huile d'olive
40 g de basilic frais, haché grossièrement
1 c. s. d'origan frais, haché grossièrement
2 c. s. de vinaigre balsamique
4 tranches de pain de seigle, grillées

1 Préchauffez le four à 170 °C.
2 Mélangez les aubergines, les courgettes, les champignons, les tomates, le poireau, l'ail et l'huile dans un plat peu profond allant au four ; faites rôtir 20 minutes environ, en remuant régulièrement, jusqu'à ce que les légumes soient tendres.
3 Incorporez le basilic, l'origan et le vinaigre. Servez chaud sur des tranches de pain de seigle grillées.

Par portion lipides 6,2 g ; 183 kcal ; graisses saturées 0,8 g ; fibres 8,1 g ; glucides 24,2 g ; IG = 45

Plats principaux

Blancs de poulet farcis et purée de pommes de terre à la crème de maïs

Pour 4 personnes.

PRÉPARATION 30 MINUTES • CUISSON 15 MINUTES

30 g de tomates séchées, finement coupées
1 c. s. de romarin frais, finement haché
4 blancs de poulet
60 g de brie, coupé en quatre tranches
1 kg de pommes de terre nouvelles, coupées en quatre
2 gousses d'ail, pilées
2 c. s. de lait écrémé
2 c. s. de crème aigre allégée
310 g de crème de maïs, en boîte (disponible en magasin bio)

1 Mélangez la tomate et le romarin dans un récipient.
2 À l'aide d'un couteau pointu, ouvrez les blancs de poulet sur quelques centimètres en prenant garde de laisser les bords intacts. Garnissez de tomates séchées et de brie, puis refermez l'ouverture avec des cure-dents.
3 Faites cuire le poulet sur un gril préchauffé, jusqu'à ce qu'il soit doré des deux côtés ; couvrez et réservez au chaud.
4 Faites cuire les pommes de terre à l'eau ou à la vapeur ; égouttez-les, puis réduisez-les en purée. Ajoutez la crème de maïs, l'ail, le lait et la crème aigre. Mélangez sur le feu en remuant sans cesse, jusqu'à ce que la purée soit chaude. Disposez les blancs de poulet farcis sur les assiettes de service, garnissez de purée et servez aussitôt.

Par portion lipides 15 g ; 508 kcal ; graisses saturées 6 g ; fibres 7,5 g ; glucides 44,5 g ; IG = 70

Linguine à l'agneau et aux asperges

Pour 6 personnes.

PRÉPARATION 20 MINUTES • CUISSON 15 MINUTES

375 g de linguine
375 g de filet d'agneau
500 g d'asperges vertes, grossièrement coupées

Gremolata
30 g de zeste de citron, finement râpé
4 gousses d'ail, pilées
80 g de persil plat, grossièrement haché
125 ml de jus de citron
8 oignons de printemps, en tranches fines
1 c. s. d'huile d'olive

1 Faites cuire les pâtes dans un grand volume d'eau bouillante salée, jusqu'à ce qu'elles soient *al dente*. Égouttez et réservez au chaud.

2 Pendant ce temps, faites cuire l'agneau sur un gril préchauffé, jusqu'à ce qu'il soit doré. Couvrez et laissez reposer 5 minutes, puis découpez-le en tranches fines.

3 Faites cuire les asperges à l'eau ou à la vapeur ; égouttez-les.

4 Mettez les pâtes dans un plat de service. Parsemez de gremolata, ajoutez la viande et les asperges, remuez délicatement et servez aussitôt.

Gremolata Mélangez tous les ingrédients dans un bol.

Par portion lipides 6,2 g ; 330 kcal ; graisses saturées 1 g ; fibres 2,9 g ; glucides 19,8 g ; IG = 50

Truite de mer en papillote

Pour 4 personnes.

PRÉPARATION 10 MINUTES • CUISSON 15 MINUTES

- **4 pavés de truite de mer de 200 g chacun**
- **2 c. s. de jus de citron**
- **1 c. s. de câpres, rincées, égouttées et grossièrement hachées**
- **2 c. c. d'aneth fraîche, grossièrement hachée**
- **1,2 kg de pommes de terre nouvelles, en tranches épaisses**

1. Préchauffez le four à 170 °C.
2. Déposez chaque pavé de truite sur un grand carré de papier d'aluminium. Garnissez-les de câpres et d'aneth, arrosez de jus de citron. Fermez hermétiquement les papillotes en pressant bien les bords du papier.
3. Mettez les papillotes dans un plat allant au four et faites-les cuire 15 minutes environ. Pendant ce temps, faites cuire les pommes de terre à l'eau ou à la vapeur.
4. Ouvrez les papillotes et faites glisser délicatement les pavés de poisson et leur garniture sur les assiettes de service chaudes. Garnissez de pommes de terre et servez aussitôt.

Par portion lipides 7,9 g ; 418 kcal ; graisses saturées 1,8 g ; fibres 5,8 g ; glucides 39 g ; IG = 70

Filets de rouget grillés aux légumes sautés

Pour 4 personnes.

PRÉPARATION 15 MINUTES • CUISSON 15 MINUTES

Le broccolini est un croisement entre le brocoli et le chou chinois. Plus doux et plus tendre que le brocoli, il en possède les mêmes inflorescences terminales, mais ses tiges sont plus longues. Vous pouvez le remplacer ici par des brocolis chinois (gai larn).

1/2 c. c. de fleur de sel
1 c. c. de poivre noir concassé
4 filets de rouget de 200 g chacun, avec la peau
1 c. c. d'huile de sésame
1 gros oignon, coupé en tranches fines
1 gousse d'ail, pilée
1 c. c. de gingembre frais, râpé
1 c. c. de haricots noirs, rincés et égouttés
1 poivron vert moyen, grossièrement haché
1 poivron rouge moyen, grossièrement haché
6 oignons de printemps, en tranches épaisses
100 g de pois mange-tout
100 g de broccolini, grossièrement coupés
125 ml d'eau
60 ml de sauce aux huîtres
2 c. s. de jus de citron
500 g de pousses de bok choy, coupées grossièrement
80 g de germes de soja

1. Mélangez la fleur de sel et le poivre et frottez-en la peau des filets de rouget. Disposez les filets de rouget sur un gril préchauffé, côté peau contre la plaque, et faites-les cuire jusqu'à ce que la peau soit dorée et croustillante. Retournez les filets et faites-les griller rapidement jusqu'à ce que la chair blanchisse. Faites-les glisser sur une assiette chaude et couvrez-les.

2. Faites chauffer l'huile dans un wok ou une grande poêle et faites revenir l'oignon, l'ail, le gingembre jusqu'à ce que le mélange embaume. Ajoutez les haricots noirs et laissez cuire le tout encore 1 minute. Ajoutez les poivrons, les oignons de printemps, les pois mange-tout et les broccolini. Prolongez la cuisson jusqu'à ce que les légumes soient juste tendres.

3. Versez l'eau, la sauce aux huîtres et le jus de citron. Remuez sur le feu jusqu'à ce que le mélange épaississe légèrement. Ajoutez enfin le bok choy et les germes de soja et prolongez la cuisson à feu vif. Disposez les filets de rouget sur un lit de légumes et servez aussitôt.

Par portion lipides 5,3 g ; 292 kcal ; graisses saturées 1,4 g ; fibres 5,4 g ; glucides 12,6 g ; IG = 30

Riz frit

Pour 4 personnes.

PRÉPARATION 10 MINUTES • CUISSON 10 MINUTES

2 c. c. d'huile d'arachide
1 oignon moyen, grossièrement haché
2 gousses d'ail, pilées
2 c. c. de gingembre frais râpé
300 g de viande de porc maigre, hachée
1 branche de céleri parée, en tranches épaisses
1 petit poivron rouge, grossièrement haché
1 grosse courgette, grossièrement hachée
600 g de riz doongara cuit (voir page 38)
90 g de petits pois, décongelés
60 ml de sauce de soja
2 oignons de printemps, en tranches fines

1. Faites chauffer l'huile dans un wok et faites revenir l'oignon, l'ail et le gingembre. Ajoutez le porc et laissez-le cuire en remuant sans cesse, jusqu'à ce qu'il soit doré.
2. Ajoutez le céleri, le poivron et la courgette ; prolongez la cuisson à feu vif. Incorporez le riz, les petits pois et la sauce de soja. Remuez délicatement sur le feu jusqu'à ce que tous les ingrédients soient chauds. Incorporez les oignons de printemps au moment de servir.

Par portion   lipides 8,2 g ; 453 kcal ; graisses saturées 2,4 g ; fibres 4,2 g ; glucides 41,5 g ; IG = 50

L'astuce du chef

Cette recette sera plus authentique si vous utilisez du riz froid cuit de la veille. Les grains resteront séparés et ne colleront pas quand vous les ferez sauter dans le wok. Étalez le riz cuit sur un plateau, laissez-le refroidir et conservez-le au réfrigérateur jusqu'au lendemain.

Risotto aux artichauts

Pour 6 personnes.

PRÉPARATION 10 MINUTES • CUISSON 25 MINUTES

2 c. c. d'huile d'olive
1 oignon moyen, émincé
3 gousses d'ail, pilées
6 oignons de printemps, en tranches fines
400 g de riz doongara (voir page 38)
180 ml de vin blanc sec
375 ml de bouillon de volaille dégraissé
750 ml d'eau
400 g de cœurs d'artichaut en conserve, égouttés et coupés en tranches fines
40 g de parmesan, finement râpé

1 Faites chauffer l'huile dans une casserole et faites blondir l'oignon, l'ail et la moitié des oignons de printemps en remuant sans cesse. Ajoutez le riz, le vin, le bouillon et l'eau. Portez à ébullition, puis baissez le feu, couvrez et laissez mijoter 15 minutes en remuant de temps en temps.

2 Ajoutez les artichauts, le parmesan râpé et le reste des oignons de printemps. Prolongez la cuisson sans cesser de remuer, jusqu'à ce que les artichauts soient chauds.

Par portion lipides 4,5 g ; 323 kcal ; graisses saturées 1,2 g ; fibres 1,8 g ; glucides 37 g ; IG = 45

SUGGESTION DE PRÉSENTATION

Servez avec une salade de tomates cerises au basilic, agrémentée de fines tranches de fenouil. Pour rester dans la note italienne, accompagnez le tout de ciabatta (pain italien préparé à l'huile d'olive).

Hachis parmentier aux lentilles

Pour 4 personnes.

PRÉPARATION 10 MINUTES • CUISSON 45 MINUTES

800 g de pommes de terre nouvelles, coupées en quatre
2 c. s. de margarine allégée
1 oignon moyen, finement haché
1 gousse d'ail, pilée
415 g de tomates concassées en conserve
250 ml de bouillon de légumes
250 ml d'eau
2 c. s. de concentré de tomates
80 ml de vin rouge sec
130 g de lentilles corail
1 carotte moyenne, finement coupée
60 g de petits pois, décongelés
2 c. s. de sauce Worcestershire
30 g de persil plat frais, grossièrement haché

1 Préchauffez le four à 170 °C.
2 Faites cuire les pommes de terre à l'eau ou à la vapeur. Égouttez-les et réduisez-les en purée. Ajoutez la moitié de la margarine et mélangez.
3 Faites fondre le reste de margarine dans une sauteuse et faites blondir l'oignon et l'ail en remuant sans cesse. Ajoutez les tomates avec leur jus, le bouillon, l'eau, le concentré de tomates, le vin, les lentilles et la carotte ; portez à ébullition. Baissez le feu et laissez mijoter 15 minutes en remuant de temps en temps. Ajoutez les petits pois, la sauce Worcestershire et le persil ; laissez cuire 5 minutes.
4 Transvasez ce mélange dans un plat allant au four. Recouvrez de purée et faites gratiner 20 minutes au four. Laissez reposer 10 minutes avant de servir.

Par portion lipides 7,2 g ; 320 kcal ; graisses saturées 1,2 g ; fibres 11,3 g ; glucides 45,1 g ; IG = 55

Frittata aux légumes

Pour 4 personnes.

PRÉPARATION 15 MINUTES • CUISSON 45 MINUTES

500 g de blettes, parées et grossièrement hachées
1 c. s. de margarine allégée
1 oignon moyen, finement émincé
2 gousses d'ail, pilées
1 poivron rouge moyen, finement haché
2 branches de céleri parées, finement hachées
100 g de champignons de Paris, émincés
2 grosses carottes, grossièrement râpées
40 g de polenta
30 g de basilic frais grossièrement haché
3 œufs, légèrement battus
3 blancs d'œufs, légèrement battus
80 ml de lait écrémé

1. Préchauffez le four à 150 °C.
2. Tapissez de papier sulfurisé un moule à gâteau rectangulaire.
3. Faites cuire les blettes à l'eau ou à la vapeur, puis égouttez-les sur du papier absorbant.
4. Faites fondre la margarine dans une sauteuse et faites revenir l'oignon et l'ail jusqu'à coloration. Ajoutez le poivron, le céleri et les champignons et poursuivez la cuisson jusqu'à ce que les légumes soient juste tendres.
5. Incorporez les blettes, les carottes, la polenta et le basilic. Laissez cuire 5 minutes, puis ajoutez les œufs, les blancs d'œufs et le lait. Mélangez. Versez la préparation dans le moule, enfournez et faites cuire 35 minutes environ, jusqu'à ce que la surface soit légèrement dorée.

Par portion   lipides 6,7 g ; 193 kcal ; graisses saturées 1,6 g ; fibres 8,3 g ; glucides 19,3 g ; IG = 40

SUGGESTION DE PRÉSENTATION

Accompagnez cette frittata d'une salade verte ou d'une salade de tomates cerises. Elle peut se déguster chaude ou froide.

Carré d'agneau aux herbes

Pour 4 personnes.

PRÉPARATION 25 MINUTES • CUISSON 55 MINUTES

4 carrés d'agneau de 3 côtelettes chacun
20 g de chapelure
1 c. s. de romarin frais, finement haché
1 c. s. de persil plat frais, finement haché
2 c. c. de thym frais, finement haché
3 gousses d'ail, pilées
3 c. c. de pesto de coriandre, en bocal
1 kg de pommes de terre, coupées en deux dans le sens de la longueur
huile végétale
1 c. c. de fleur de sel
2 poireaux moyens, parés
2 c. c. de margarine allégée
60 ml de bouillon de volaille dégraissé
60 ml de vin blanc sec

1 Préchauffez le four à 170 °C.
2 Mélangez la chapelure, les herbes, l'ail et le pesto de coriandre, puis étalez ce mélange sur les carrés d'agneau, en pressant bien avec la paume des mains. Couvrez et réservez au réfrigérateur.
3 Mettez les pommes de terre dans un grand plat, arrosez-les d'huile, saupoudrez-les de fleur de sel et faites-les rôtir 20 minutes.
4 Posez les carrés d'agneau sur les pommes de terre et faites-les cuire 10 minutes. Baissez le four à 120 °C et poursuivez la cuisson pendant 20 minutes, jusqu'à ce que l'agneau soit cuit à votre convenance.
5 Pendant ce temps, coupez les poireaux en tronçons de 10 cm, puis détaillez-les en fines lanières. Faites fondre la margarine dans une poêle et faites revenir les poireaux. Versez le bouillon et le vin et portez à ébullition. Baissez le feu et laissez mijoter jusqu'à ce que le liquide ait réduit de moitié.
6 Sortez les carrés d'agneau du four et laissez-les reposer 5 minutes avant de les découper en côtelettes. Disposez les côtelettes sur les assiettes de service chaudes, garnissez de pommes de terre et de poireaux et servez aussitôt.

Par portion lipides 13,7 g ; 437 kcal ; graisses saturées 5,6 g ; fibres 7,9 g ; glucides 40,1 g ; IG = 70

Poisson cajun à la salsa de maïs

Pour 4 personnes.

PRÉPARATION 15 MINUTES • CUISSON 25 MINUTES

1 gousse d'ail, pilée
1 c. s. de margarine allégée, fondue
2 c. c. de paprika doux
1/2 c. c. de cumin moulu
1 c. c. de poivre blanc moulu
1/4 c. c. de poivre de Cayenne
4 filets de poisson blanc à chair ferme de 200 g chacun
3 épis de maïs frais, parés
1 petit oignon rouge, grossièrement haché
1 avocat moyen, grossièrement haché
250 g de tomates cerises, coupées en deux
2 c. s. de jus de citron vert
30 g de coriandre fraîche, grossièrement hachée

1 Préchauffez le four à 150 °C.

2 Mélangez l'ail et la margarine dans un récipient ; mélangez les épices dans un autre récipient.

3 Mettez le poisson sur une plaque allant au four, badigeonnez-le des deux côtés de margarine aromatisée à l'ail et saupoudrez-le d'épices. Faites-le cuire 15 minutes au four, jusqu'à ce qu'il soit doré des deux côtés.

4 Pendant ce temps, faites griller le maïs sur une plaque préchauffée légèrement graissée, jusqu'à ce qu'il soit doré. Laissez-le refroidir un peu, puis prélevez les grains à l'aide d'un couteau pointu.

5 Mélangez les grains de maïs, l'oignon, l'avocat, les tomates, le jus de citron et la coriandre dans un saladier. Servez avec les filets de poisson.

Par portion lipides 15 g ; 438 kcal ; graisses saturées 3,4 g ; fibres 8,7 g ; glucides 26,1 g ; IG = 45

Nouilles sautées au tofu

Pour 4 personnes.

PRÉPARATION 20 MINUTES • CUISSON 10 MINUTES

400 g de tofu ferme
400 g de nouilles aux œufs fraîches
1 c. s. d'huile de sésame
2 gousses d'ail, pilées
2 petits piments rouges, épépinés et coupés en tranches fines
1 petit oignon rouge, en quartiers
1 poivron rouge moyen, grossièrement coupé
150 g de haricots verts, coupés en deux
200 g de champignons bruns suisses, coupés en deux
4 oignons de printemps, en tranches fines
2 c. s. de sauce de soja
2 c. s. de sauce aux huîtres
1 c. s. de sucre roux

1 Préchauffez le four à 170 °C. Tapissez de papier sulfurisé une plaque allant au four.

2 Pressez le tofu entre deux planches à découper, posez un poids dessus et inclinez légèrement l'ensemble au-dessus d'un plat pour laisser le liquide s'écouler. Laissez reposer 20 minutes, puis coupez le tofu en cubes de 2 cm. Étalez les cubes de tofu sur la plaque préparée et faites-les dorer 25 minutes au four.

3 Pendant ce temps, mettez les nouilles dans un récipient résistant à la chaleur, couvrez-les d'eau bouillante et laissez-les reposer jusqu'à ce qu'elle soient cuites. Séparez-les délicatement à la fourchette, puis égouttez-les. Réservez au chaud.

4 Faites chauffer l'huile dans un wok et faites revenir l'ail, le piment et l'oignon rouge. Ajoutez le poivron et faites-le cuire 2 minutes à feu vif. Procédez de même avec les haricots et les champignons. Quand les légumes sont tendres, ajoutez le tofu, les oignons de printemps, les sauces et le sucre ; laissez cuire jusqu'à ce que la sauce épaississe légèrement. Ajoutez les nouilles, réchauffez rapidement la préparation en remuant délicatement et servez aussitôt.

Par portion lipides 11,3 g ; 591 kcal ; graisses saturées 1,6 g ; fibres 8,3 g ; glucides 90,1 g ; IG = 45

Rôti de porc farci

Pour 4 personnes.

PRÉPARATION 35 MINUTES • CUISSON 1 HEURE

200 g de couscous
250 ml d'eau bouillante
55 g de pruneaux dénoyautés, finement hachés
1 c. s. de pignons de pin, grillés à sec
2 c. s. de coriandre fraîche, grossièrement hachée
30 g de persil plat, grossièrement haché
500 g de rôti de porc désossé, sans couenne
625 ml de cidre
2 pommes moyennes, épluchées et coupées en tranches épaisses
1 gros oignon rouge, coupé en tranches épaisses
2 c. s. de sucre roux

1 Préchauffez le four à 150 °C.

2 Mélangez le couscous et l'eau dans un récipient résistant à la chaleur. Couvrez et laissez reposer 5 minutes. Quand tout le liquide est absorbé, ajoutez les pruneaux, les pignons de pin, la coriandre et le persil. Mélangez délicatement à la fourchette.

3 À l'aide d'un couteau bien aiguisé, retirez tout le gras visible du rôti, puis ouvrez-le et aplatissez-le à l'aide d'un maillet à viande. Farcissez-le avec 125 g de couscous, puis roulez-le pour enfermer la garniture. Attachez-le avec de la ficelle de cuisine pour le maintenir en forme.

4 Mettez le rôti sur une grille au-dessus d'un plat peu profond résistant à la chaleur. Arrosez-le avec 20 ml de cidre et faites-le cuire 50 minutes au four. Réservez au chaud.

5 Mettez le reste du couscous dans un plat, couvrez-le avec du papier d'aluminium et faites-le réchauffer 10 minutes au four.

6 Pendant ce temps, réchauffez dans une casserole le jus de cuisson du rôti, puis ajoutez le reste du cidre, les pommes, l'oignon et le sucre. Faites cuire à feu vif jusqu'à ce que les pommes soient juste tendres. Découpez le rôti de porc, présentez-le sur un lit de couscous, garnissez de morceaux de pommes et d'oignons. Servez la sauce à part.

Par portion lipides 8,1 g ; 528 kcal ; graisses saturées 2 g ; fibres 4,6 g ; glucides 61,4 g ; IG = 54

Daube de bœuf au vin rouge

Pour 4 personnes.

PRÉPARATION 15 MINUTES • CUISSON 1 HEURE 45

2 c. c. de margarine allégée
1,5 kg de bœuf maigre dans le paleron, découpé en cubes de 3 cm
2 gousses d'ail, pilées
3 petits piments rouges, épépinés et coupés en tranches fines
2 c. c. de moutarde de Dijon
1 gros oignon, en tranches épaisses
2 tomates moyennes, coupées grossièrement
410 g de concentré de tomates
180 ml de vin rouge sec
125 ml de bouillon de bœuf
1,125 l d'eau
170 g de polenta
20 g de parmesan, finement râpé
2 c. s. de persil plat, grossièrement haché

1 Faites fondre la margarine dans une cocotte et faites revenir le bœuf. Quand il est bien doré sur toutes les faces, retirez-le de la cocotte et faites revenir l'ail, le piment et l'oignon. Ajoutez la moutarde, mélangez bien, puis remettez le bœuf dans la cocotte et faites cuire le tout 2 minutes à feu vif en remuant bien.

2 Ajoutez le concentré de tomates, le vin, le bouillon et 125 ml d'eau. Couvrez et laissez mijoter 1 heure 30 environ, jusqu'à ce que le bœuf soit tendre. Remuez de temps en temps pour éviter que la viande n'attache.

3 Pendant ce temps, portez à ébullition le reste d'eau dans une casserole. Versez la polenta en pluie et faites-la cuire 10 minutes à feu moyen, en remuant régulièrement, jusqu'à ce qu'elle épaississe. Incorporez le parmesan et mélangez.

4 Garnissez le bœuf de persil frais et servez aussitôt avec la polenta.

Par portion lipides 14,3 g ; 492 kcal ; graisses saturées 6,2 g ; fibres 3,7 g ; glucides 26,7 g ; IG = 30

L'astuce du chef
La daube sera plus savoureuse si vous la préparez la veille. Réchauffez-la à feu doux pendant que vous préparez la polenta.

Suggestion de présentation
Servez avec un chianti. Vous pouvez proposer à part des lamelles de parmesan.

Poulet à l'estragon

Pour 4 personnes.

PRÉPARATION 20 MINUTES • RÉFRIGÉRATION 30 MINUTES • CUISSON 25 MINUTES

4 blancs de poulet, en tranches épaisses
1 c. s. d'estragon frais, finement haché
1 c. s. de moutarde à l'ancienne
2 c. s. de margarine allégée
2 gros poireaux, finement coupés
4 carottes moyennes, en tranches
375 ml de bouillon de volaille dégraissé
1 pincée de noix de muscade

1 Enfilez la viande sur 12 brochettes. Mélangez la moutarde et l'estragon, puis étalez cette préparation sur le poulet. Mettez les brochettes 30 minutes au réfrigérateur.
2 Pendant ce temps, faites fondre la margarine dans une poêle antiadhésive et faites fondre le poireau à feu doux, en remuant régulièrement.
3 Préchauffez le four à 150 °C.
4 Faites cuire les carottes dans le bouillon ; égouttez-les en réservant 60 ml du liquide de cuisson. Écrasez-les en purée et ajoutez la noix de muscade. Réservez au chaud.
5 Disposez les brochettes de poulet dans un plat peu profond, arrosez-les du liquide réservé et faites-les cuire 15 minutes au four.
6 Servez aussitôt avec la fondue de poireaux et la purée de carottes.

Par portion lipides 13,9 g ; 275 kcal ; graisses saturées 1,4 g ; fibres 9 g ; glucides 7,6 g ; IG = 40

L'astuce du chef

Si vous utilisez des brochettes en bambou, faites-les tremper 1 heure avant, pour éviter qu'elles ne brûlent ou ne se fendent.

Risonis aux fruits de mer

Pour 4 personnes.

PRÉPARATION 15 MINUTES • CUISSON 25 MINUTES

12 grosses crevettes crues
12 petites moules
300 g d'encornets
2 c. c. d'huile d'olive
1 gros oignon, émincé
2 gousses d'ail, pilées
1 gros poivron rouge, en tranches fines
375 g de risonis
375 ml d'eau
375 ml de bouillon de volaille dégraissé
125 ml de vin blanc sec
1 pincée de filaments de safran
125 g de petits pois, surgelés
1 grosse tomate, épépinée et coupée en tranches fines

1. Décortiquez les crevettes et retirez la veine centrale en laissant les queues intactes. Nettoyez les moules. Ouvrez les encornets et entaillez-les en croisillons sur la face intérieure, puis coupez-les en lanières.
2. Faites chauffer l'huile dans une sauteuse et faites revenir l'oignon, l'ail et le poivron pendant 3 minutes environ. Ajoutez les risonis en remuant bien.
3. Versez l'eau, le bouillon et le vin, ajoutez le safran et portez à ébullition. Baissez le feu et laissez mijoter jusqu'à ce que tout le liquide soit absorbé.
4. Incorporez les crevettes, les moules, les encornets, les petits pois et la tomate ; laissez cuire jusqu'à ce que les moules soient ouvertes (jetez celles qui restent fermées). Servez aussitôt.

Par portion   lipides 6,5 g ; 594 kcal ; graisses saturées 1,4 g ; fibres 9 g ; glucides 76,8 g ; IG = 45

Dhal aux œufs et aux aubergines

Pour 4 personnes.

PRÉPARATION 10 MINUTES • CUISSON 1 HEURE

400 g de lentilles corail
2 c. c. d'huile végétale
1 oignon moyen, émincé
1 gousse d'ail, pilée
2 c. c. de cumin moulu
1/2 c. c. de graines de cumin
1 c. s. de concentré de tomates
1 l d'eau
500 ml de bouillon de légumes
1 grosse tomate, grossièrement coupée
3 mini-aubergines, grossièrement coupées
4 œufs durs

1 Rincez les lentilles sous l'eau froide jusqu'à ce que l'eau soit limpide.

2 Faites chauffer l'huile dans une cocotte à fond épais et faites revenir l'oignon, l'ail, le cumin moulu et les graines de cumin jusqu'à ce que le mélange embaume. Ajoutez le concentré de tomates, les lentilles, l'eau et le bouillon. Portez à ébullition, puis laissez mijoter 40 minutes à feu doux, en remuant de temps en temps.

3 Quand le dhal a épaissi, ajoutez la tomate et les aubergines ; laissez cuire 20 minutes à feu doux, jusqu'à ce que l'aubergine soit tendre. Ajoutez les œufs durs et mélangez délicatement sur le feu. Servez aussitôt.

Par portion lipides 10,9 g ; 406 kcal ; graisses saturées 2,6 g ; fibres 16,7 g ; glucides 44,6 g ; IG = 25

Nouilles sautées aux légumes

Pour 4 personnes.

PRÉPARATION 10 MINUTES • CUISSON 20 MINUTES

250 g de vermicelles de riz
4 œufs, légèrement battus
2 c. c. d'huile végétale
1 oignon moyen, grossièrement coupé
2 gousses d'ail, pilées
2 c. c. de gingembre frais, râpé
150 g de pousses de bok choy, grossièrement coupées
200 g de pois mange-tout, coupés en deux
1 petit poivron rouge, en tranches épaisses
2 c. s. de sauce de soja
2 c. s. de sauce aux huîtres
2 c. s. de sauce aux piments douce
60 g de feuilles de coriandre fraîches
240 g de germes de soja

1 Mettez les nouilles dans un récipient résistant à la chaleur et couvrez-les d'eau bouillante. Laissez-les reposer jusqu'à ce qu'elles soient tendres. Égouttez-les, puis coupez-les en tronçons de 10 cm.

2 Faites chauffer un peu d'huile dans un wok et versez la moitié des œufs. Quand l'omelette est prise, roulez-la et découpez-la en fines tranches. Répétez l'opération avec le reste des œufs.

3 Faites chauffer le reste d'huile dans le wok et faites blondir l'oignon. Ajoutez l'ail et le gingembre, puis le bok choy, les pois mange-tout, le poivron et les sauces ; laissez cuire le tout jusqu'à ce que les légumes soient juste tendres.

4 Ajoutez enfin les nouilles et les tranches d'omelette et remuez délicatement sur le feu. Quand les nouilles sont chaudes, répartissez la préparation dans des bols et servez aussitôt.

Par portion lipides 9,9 g ; 369 kcal ; graisses saturées 2,1 g ; fibres 6,8 g ; glucides 52,5 g ; IG = 60

SUGGESTION DE PRÉSENTATION

Servez ces nouilles sautées avec des tranches de concombre, des œufs durs, des quartiers de tomates et des morceaux de papaye.

Bœuf satay

Pour 4 personnes

PRÉPARATION 20 MINUTES • CUISSON 20 MINUTES

1 l d'eau
200 g de riz basmati
1 c. c. d'huile d'arachide
500 g de rumsteck, en tranches fines
1 gros oignon, émincé
1 gousse d'ail, pilée
2 c. c. de gingembre frais, râpé
2 petits piments rouges, épépinés et grossièrement coupés
1 poivron rouge moyen, grossièrement coupé
1 poivron vert moyen, grossièrement coupé
100 g de champignons de Paris, coupés en deux
225 g de pousses de bambou en conserve, égouttées
1 c. c. de curry en poudre
2 c. c. de Maïzena
125 ml de bouillon de volaille dégraissé
65 g de beurre de cacahuètes allégé
2 c. s. de sauce aux huîtres
1 c. s. de cacahuètes grillées, grossièrement hachées

1. Portez l'eau à ébullition dans une casserole, ajoutez le riz et faites-le cuire 15 minutes environ. Égouttez-le, rincez-le sous l'eau chaude, puis égouttez-le à nouveau. Réservez au chaud.
2. Pendant ce temps, faites chauffer l'huile dans un wok et faites dorer le bœuf en plusieurs fois. Réservez au chaud.
3. Réchauffez le jus de viande dans le wok et faites blondir l'oignon et l'ail. Ajoutez le gingembre, le piment, les poivrons, les champignons, les pousses de bambou et le curry ; prolongez la cuisson à feu vif, en remuant régulièrement, jusqu'à ce que les légumes soient tendres.
4. Délayez la Maïzena dans le bouillon, puis versez ce mélange sur les légumes. Remuez. Remettez le bœuf dans le wok avec le beurre de cacahuètes et la sauce aux huîtres ; laissez bouillir jusqu'à épaississement. Garnissez de cacahuètes et servez aussitôt. Présentez le riz à part, dans des petits bols.

Par portion lipides 14 g ; 570 kcal ; graisses saturées 2,3 g ; fibres 4 g ; glucides 70 g ; IG = 55

Porc vindaloo

Pour 4 personnes.

PRÉPARATION 15 MINUTES • MARINADE 12 HEURES • CUISSON 50 MINUTES

2 gros oignons, grossièrement coupés
5 gousses d'ail, coupées en quatre
1 c. c. de cardamome moulue
1/2 c. c. de clous de girofle moulus
1 c. c. de cannelle moulue
2 c. c. de cumin moulu
2 c. c. de curcuma moulu
2 c. c. de poivre noir concassé
3 petits piments rouges, coupés en quatre
2 c. c. de graines de moutarde noire
1 c. s. de gingembre frais, râpé
80 ml de vinaigre blanc
1 kg de filet de porc
1 c. s. d'huile végétale
1 gros oignon, en tranches fines
2 c. s. de pâte de tamarin
2 grosses tomates, grossièrement coupées
400 g de riz au jasmin

1. Mixez les oignons, l'ail, les épices, le piment, les graines de moutarde, le gingembre et le vinaigre.
2. Dégraissez le porc et coupez-le en cubes de 3 cm. Mettez-le dans un récipient, ajoutez un quart de la pâte d'épices et mélangez bien. Couvrez et laissez reposer toute une nuit au réfrigérateur. Conservez le reste de pâte de curry au frais.
3. Faites chauffer l'huile dans une sauteuse et faites blondir les tranches d'oignon. Ajoutez le porc et faites-le dorer pendant 5 minutes. Incorporez la pâte de curry réservée, le tamarin et les tomates et portez à ébullition. Couvrez et laissez mijoter 40 minutes à feu doux, jusqu'à ce que la viande soit cuite.
4. Pendant ce temps, faites cuire le riz dans un grand volume d'eau bouillante salée. Égouttez-le. Servez le porc vindaloo sur un lit de riz ou présentez le riz séparément.

Par portion lipides 11,6 g ; 755 kcal ; graisses saturées 2,7 g ; fibres 6,5 g ; glucides 94,4 g ; IG = 55

L'ASTUCE DU CHEF

Préparez ce curry la veille pour en exhaler tous les parfums. Servez-le avec des bâtonnets de concombre et des dés d'ananas frais.

Poulet grillé au pilaf d'orge

Pour 4 personnes.

PRÉPARATION 10 MINUTES • CUISSON 55 MINUTES

215 g d'orge perlé
500 ml d'eau
500 ml de bouillon de volaille dégraissé
250 g de tomates cerises
150 g de tomates poires jaunes
4 blancs de poulet
1/2 c. c. de poivre noir concassé
40 g de basilic frais, grossièrement haché
2 oignons de printemps, en tranches fines
1 c. s. de moutarde de Dijon

1 Préchauffez le four à 170 °C.
2 Mélangez l'eau, le bouillon et l'orge dans une casserole, amenez jusqu'au point d'ébullition, puis laissez cuire 50 minutes à feu doux en remuant de temps en temps. L'orge est cuit quand tout le liquide a été absorbé.
3 Pendant ce temps, disposez les tomates dans un plat peu profond légèrement graissé et faites-les rôtir au four pendant 20 minutes.
4 Faites dorer les blancs de poulet dans une poêle antiadhésive. Mélangez délicatement les tomates rôties, le poivre, le basilic, l'oignon et l'orge dans un récipient. Servez avec le poulet grillé.

Par portion lipides 11,3 g ; 412 kcal ; graisses saturées 3,4 g ; fibres 7,7 g ; glucides 54,2 g ; IG = 30

SUGGESTION DE PRÉSENTATION
Servez ce plat avec des pousses d'épinards arrosées de jus de citron.

Pizza aux légumes

Pour 4 personnes.

PRÉPARATION 15 MINUTES • CUISSON 40 MINUTES

3 petites courgettes, en tranches fines

4 mini-aubergines, en tranches fines

10 tomates cerises, coupées en deux

1 petit fenouil, en tranches fines

100 g de champignons de Paris, en tranches fines

190 g de sauce tomate

30 g de basilic frais, grossièrement haché

4 pains pita

40 g de cheddar allégé, grossièrement râpé

1 Préchauffez le four à 180 °C.

2 Mettez les courgettes, les aubergines et les tomates dans un plat allant au four légèrement graissé et faites-les rôtir 20 minutes.

3 Réservez 2 cuillerées à soupe de sauce tomate et versez le reste sur les légumes. Ajoutez le fenouil et les champignons. Mélangez bien, couvrez avec une feuille de papier d'aluminium et faites cuire le tout 10 minutes au four. Saupoudrez de basilic et mélangez délicatement.

4 Étalez la sauce tomate réservée sur les pains, puis garnissez-les de légumes et saupoudrez de fromage. Enfournez les pizzas et faites-les cuire 10 minutes environ, jusqu'à ce que le fromage soit fondu.

Par portion lipides 2,9 g ; 243 kcal ; graisses saturées 0,8 g ; fibres 8,1 g ; glucides 24,2 g ; IG = 60

Salade thaïe à l'agneau

Pour 4 personnes.

PRÉPARATION 20 MINUTES • CUISSON 10 MINUTES

100 g de nouilles de soja
500 g de filet d'agneau, dégraissé
1 oignon rouge moyen, en tranches fines
3 oignons de printemps, en tranches fines
80 g de germes de soja
80 g de coriandre fraîche
80 g de menthe fraîche
80 g de menthe vietnamienne fraîche
1 pépino (concombre libanais), en tranches fines
2 petits piments rouges, en tranches fines
200 g de tomates cerises, coupées en deux
2 gousses d'ail, pilées
1 c. s. de citronnelle fraîche, hachée
80 ml de jus de citron vert
1 c. s. de nuoc-mâm
1 c. s. de sauce de soja

1 Mettez les nouilles dans un récipient résistant à la chaleur et couvrez-les d'eau bouillante. Laissez-les reposer jusqu'à ce qu'elles soient tendres, puis rincez-les sous l'eau froide et égouttez-les.

2 Faites griller l'agneau jusqu'à ce qu'il soit doré. Laissez-le reposer 5 minutes, puis découpez-le en tranches fines.

3 Mélangez les oignons, les germes de soja, les herbes, le concombre, les piments et les tomates dans un saladier. Ajoutez l'agneau. Fouettez l'ail, la citronnelle, le jus de citron, le nuoc-mâm et la sauce de soja dans un bol, puis versez ce mélange sur la salade en remuant délicatement. Servez séparément la salade et les nouilles.

Par portion lipides 4,9 g ; 238 kcal ; graisses saturés 2 g ; fibres 5,9 g ; glucides 18,3 g ; IG = 40

Desserts

Tiramisu

Pour 12 personnes.

PRÉPARATION 20 MINUTES • RÉFRIGÉRATION 3 HEURES • CUISSON 25 MINUTES

3 œufs
160 g de sucre en poudre
40 g de farine complète à levure incorporée
35 g de farine blanche à levure incorporée
35 g de farine de maïs
1 c. c. de gélatine
1 c. s. d'eau froide
300 g de ricotta allégée
140 ml de lait écrémé
2 c. s. de café soluble
2 c. s. d'eau bouillante
125 ml de liqueur au café
10 g de chocolat noir, finement râpé

1 Préchauffez le four à 150 °C. Graissez un moule à manqué et tapissez-le de papier sulfurisé.

2 Battez les œufs et 110 g de sucre jusqu'à ce que le mélange soit mousseux. Quand tout le sucre est dissous, incorporez les trois farines en plusieurs fois et mélangez bien. Étalez la préparation dans le moule.

3 Faites cuire 25 minutes au four, puis démoulez le gâteau sur une grille et laissez-le refroidir.

4 Pendant ce temps, mélangez la gélatine et l'eau et faites chauffer au bain-marie en remuant sans cesse, jusqu'à ce que la gélatine soit dissoute. Laissez refroidir 5 minutes.

5 Battez la ricotta, 60 ml de lait et le reste du sucre, puis ajoutez la gélatine, sans cesser de battre. Faites dissoudre le café dans l'eau bouillante, puis ajoutez le reste de lait et la liqueur au café.

6 Coupez le gâteau en deux. Badigeonnez la base du gâteau de sauce au café, ajoutez une couche de ricotta, puis l'autre moitié du gâteau ; badigeonnez à nouveau de sauce au café et terminez par une couche de ricotta.

7 Couvrez le tiramisu et conservez-le au moins 3 heures au réfrigérateur. Au moment de servir, saupoudrez-le de chocolat râpé.

Par portion   lipides 4,1 g ; 189 kcal ; graisses saturées 2 g ; fibres 0,9 g ; glucides 28 g ; IG = 65

Gâteau de riz aux agrumes

Pour 8 personnes.

PRÉPARATION 15 MINUTES • CUISSON 1 H 10

500 ml de lait écrémé
1 gousse de vanille, fendue en deux dans la longueur
1 c. c. de zeste de citron, finement râpé
1 c. c. de zeste de citron vert, finement râpé
2 c. c. de zeste d'orange, finement râpé
2 œufs
1 blanc d'œuf
110 g de sucre en poudre
225 g de riz cuit
125 ml de crème allégée

1 Préchauffez le four à 120 °C. Graissez un plat ovale allant au four.

2 Mélangez le lait, la gousse de vanille et les zestes d'agrumes ; portez à ébullition. Retirez la casserole du feu, couvrez et laissez reposer 5 minutes environ.

3 Pendant ce temps, fouettez les œufs, le blanc d'œuf et le sucre, puis versez progressivement le lait chaud, après avoir retiré la gousse de vanille.

4 Étalez le riz au fond du plat et versez délicatement le mélange œuf-lait. Mettez le plat dans un récipient plus grand, versez de l'eau jusqu'à mi-hauteur et enfournez. Laissez cuire 1 heure. Servez chaud avec de la crème.

Par portion lipides 4,8 g ; 261 kcal ; graisses saturées 1,7 g ; fibres 0,2 g ; glucides 31,7 g ; IG = 60

Florentins et glace aux fruits rouges

Pour 8 personnes.

PRÉPARATION 10 MINUTES CUISSON 10 MINUTES

30 g de müesli grillé
15 g de flocons de son
40 g de raisins secs, grossièrement hachés
2 c. s. d'abricots secs, finement hachés
1 c. s. de cerises confites, finement hachées
1 ½ c. s d'amandes effilées, grillées
60 ml de lait condensé écrémé
1 c. s. de mélasse raffinée
400 g de sorbet aux fruits rouges

1 Préchauffez le four à 150 °C. Graissez deux plaques de cuisson et tapissez-les de papier sulfurisé.

2 Mélangez le müesli, les flocons de son, les fruits secs, les cerises confites, les amandes et le lait.

3 Formez des palets ronds de ce mélange sur les plaques de cuisson en les espaçant de 8 cm. Pressez-les délicatement avec la paume de la main pour les aplatir.

4 Faites cuire 10 minutes au four, jusqu'à ce que les florentins soient légèrement dorés ; laissez refroidir sur les plaques. Servez les florentins avec la glace.

Par portion lipides 3,4 g ; 143 kcal ; graisses saturées 1,4 g ; fibres 0,7 g ; glucides 25,2 g ; IG = 40

Gâteau aux poires

Pour 16 personnes.

PRÉPARATION 15 MINUTES • CUISSON 1 HEURE

2 x 425 g de poires au sirop
90 g de flocons d'avoine
125 ml de margarine allégée
1/2 c. c. d'essence de vanille
150 g de sucre roux
2 œufs
110 g de farine blanche à levure incorporée
120 g de farine complète à levure incorporée
1/2 c. c. de bicarbonate de soude
2 c. c. de gingembre en poudre

1 Préchauffez le four à 180 °C. Graissez un moule carré et tapissez-le de papier sulfurisé.

2 Égouttez les poires et récupérez le sirop dans une casserole. Réchauffez le sirop à feu doux, ajoutez les flocons d'avoine, puis laissez reposer 20 minutes.

3 Pendant ce temps, fouettez la margarine, la vanille et le sucre. Quand le mélange est homogène, ajoutez les œufs un à un sans cesser de fouetter.

4 Ajoutez les flocons d'avoine, les deux farines et le bicarbonate de soude. Remuez bien. Étalez la pâte dans le moule, puis ajoutez les poires coupées en deux.

5 Faites cuire 55 minutes au four. Servez chaud.

Par portion lipides 4,5 g ; 170 kcal ; graisses saturées 0,8 g ; fibres 2,6 g ; glucides 30 g ; IG = 60

Granita au pamplemousse et tuiles aux noisettes

Pour 8 personnes.

PRÉPARATION 20 MINUTES • CONGÉLATION 6 HEURES • CUISSON 10 MINUTES

250 ml d'eau
220 g de sucre
250 ml de jus de pamplemousse rose frais
60 ml de jus de citron

Tuiles aux noisettes
1 blanc d'œuf
55 g de sucre en poudre
2 c. s. de poudre de noisettes
20 g de margarine allégée, fondue

1 Faites chauffer l'eau et le sucre à feu doux dans une casserole. Quand le sucre est dissous, portez à ébullition, puis laissez bouillir 5 minutes sans remuer. Retirez la casserole du feu ; ajoutez le jus de pamplemousse et le jus de citron. Laissez refroidir.

2 Battez les blancs d'œuf en neige ferme, puis ajoutez le sirop d'agrumes en mélangeant délicatement. Versez la préparation dans un moule rectangulaire, couvrez et conservez 3 heures au congélateur.

3 Mixez la glace jusqu'à obtention d'une mousse légère, puis remettez-la dans le moule et congelez-la à nouveau 3 heures. Servez avec les tuiles aux noisettes.

Tuiles aux noisettes Préchauffez le four à 150 °C. Graissez deux plaques de cuisson et tapissez-les de papier sulfurisé. Battez les blancs d'œuf en neige ferme, puis ajoutez progressivement le sucre sans cesser de battre. Incorporez enfin la poudre de noisettes et la margarine ; mélangez bien. Tracez des disques de 16 cm de diamètre sur les feuilles de papier sulfurisé, en les espaçant de 2 cm. Étalez une cuillerée à café de pâte sur chaque disque. Enfournez et laissez dorer 5 minutes environ. Laissez refroidir les tuiles sur les plaques, puis décollez-les délicatement du papier.

Par portion lipides 2,3 g ; 170 kcal ; graisses saturées 0,2 g ; fibres 0,2 g ; glucides 36,7 g ; IG = 65

Poires pochées au sirop d'airelles

Pour 4 personnes.

PRÉPARATION 5 MINUTES • CUISSON 45 MINUTES

750 ml de jus d'airelles
160 ml de vin blanc sec
2 gousses de cardamome, broyées
1 1/2 gousse de vanille, fendue en deux dans le sens de la longueur
4 poires moyennes, pelées

1 Mélangez le jus, le vin, la cardamome et la gousse de vanille dans une casserole.

2 Ajoutez les poires et portez à ébullition. Couvrez et laissez mijoter 25 minutes à feu doux, jusqu'à ce que les poires soient juste tendres. Laissez-les refroidir dans le sirop.

3 Égouttez les poires et filtrez le sirop. Versez-en 500 ml dans une casserole (réservez le reste pour un autre emploi) et portez à ébullition. Laissez bouillir 15 minutes, jusqu'à ce que le liquide réduise de moitié. Servez les poires chaudes ou froides, nappées de sirop.

Par portion lipides 0,2 g ; 281 kcal ; graisses saturées 0 g ; fibres 3,5 g ; glucides 26,5 g ; IG = 40

Strudel aux abricots

Pour 6 personnes.

PRÉPARATION 20 MINUTES CUISSON 20 MINUTES

825 g d'abricots en conserve, égouttés
2 c. s. de sucre roux
1 c. c. de cannelle moulue
120 g de raisins secs
35 g de noisettes grillées, finement hachées
6 feuilles de pâte filo
1 c. s. de lait écrémé
1 c. s. de sucre glace

1 Préchauffez le four à 170 °C. Graissez une plaque de cuisson.

2 Mélangez les abricots, le sucre, la cannelle, les raisins secs et les noisettes dans un récipient.

3 Badigeonnez de lait les feuilles de pâte puis superposez-les. Étalez la garniture sur la pâte en réservant un bord de 5 cm sur les petits côtés et de 2 cm sur les grands côtés. Rabattez la pâte des petits côtés sur la garniture puis roulez le strudel en partant d'un grand côté.

4 Posez-le strudel sur la plaque de cuisson, badigeonnez-le de lait et faites-le cuire 25 minutes au four, jusqu'à ce qu'il soit légèrement doré. Saupoudrez de sucre glace et servez chaud ou froid.

Par portion lipides 2,6 g ; 143 kcal ; graisses saturées 0,2 g ; fibres 2 g ; glucides 20,6 g ; IG = 60

Pudding aux pommes

Pour 6 personnes.

PRÉPARATION 20 MINUTES • CUISSON 1 HEURE 10 MINUTES

2 pommes moyennes
2 c. s. de sucre roux
1 c. s. d'eau
625 ml de lait écrémé
1 gousse de vanille, fendue en deux dans la longueur
4 tranches épaisses de cake aux fruits
3 œufs
1/2 c. c. de cannelle moulue
1/4 c. c. de muscade moulue

1 Pelez les pommes et coupez-les en quatre, puis détaillez-les en tranches de 3 mm d'épaisseur. Faites fondre le sucre dans l'eau à feu doux, dans une poêle antiadhésive. Ajoutez les pommes et laissez mijoter 5 minutes, en remuant de temps en temps.

2 Préchauffez le four à 120 °C. Graissez un plat allant au four d'une contenance de 1,5 litre.

3 Mélangez le lait et la gousse de vanille dans une casserole et portez à ébullition. Retirez du feu, couvrez et laissez reposer 5 minutes. Retirez la gousse de vanille.

4 Coupez les tranches de cake en quatre. Disposez le cake et les pommes en couches alternées dans le plat préparé.

5 Battez les œufs, la cannelle et la muscade, puis incorporez progressivement le lait chaud, sans cesser de battre. Versez cette préparation sur les pommes, puis mettez le plat dans un grand plat contenant de l'eau bouillante jusqu'au tiers de sa hauteur.

6 Faites cuire 1 heure au four, jusqu'à ce que le pudding soit ferme. Servez avec de la glace allégée ou de la crème.

Par portion   lipides 3,6 g ; 167 kcal ; graisses saturées 1,1 g ; fibres 1,7 g ; glucides 25,5 g ; IG = 50

Muffins à la fraise et à la rhubarbe

Pour 12 pièces.

PRÉPARATION 15 MINUTES • CUISSON 20 MINUTES

125 g de fraises, en tranches fines
450 g de farine complète à levure incorporée
100 g de sucre roux
1 c. c. de cannelle moulue
1 c. c. d'essence de vanille
60 g de margarine allégée, fondue
180 ml de lait de soja allégé
2 œufs, légèrement battus
250 g de rhubarbe, finement hachée
60 g de compote de pomme

1 Préchauffez le four à 170 °C. Graissez 12 alvéoles d'un moule à muffins. Réservez 12 tranches de fraise.

2 Mélangez la farine, le sucre et la cannelle dans un récipient. Ajoutez l'essence de vanille, la margarine, le lait et les œufs ; mixez le tout, puis incorporez délicatement les fraises, la rhubarbe et la compote de pomme.

3 Versez la pâte dans le moule et décorez chaque muffin d'une tranche de fraise. Enfournez et laissez cuire 20 minutes. Servez les muffins chauds ou à température ambiante.

Par portion lipides 4,3 g ; 202 kcal ; graisses saturées 0,8 g ; fibres 5,2 g ; glucides 34,2 g ; IG = 65

Mousse aux fruits rouges

Pour 4 personnes.

PRÉPARATION 10 MINUTES • RÉFRIGÉRATION 2 HEURES

2 c. c. de gélatine
2 c. s. d'eau
2 blancs d'œufs
75 g de sucre en poudre
400 g de yaourt aux fruits rouges à 0 % de MG et aux édulcorants
150 g de fruits rouges frais

1 Mélangez la gélatine et l'eau dans un récipient résistant à la chaleur, puis faites chauffer au bain-marie, en remuant sans cesse, jusqu'à ce que la gélatine soit dissoute. Laissez refroidir.

2 Battez les blancs d'œufs en neige ferme, puis ajoutez progressivement le sucre, sans cesser de battre.

3 Versez le yaourt dans un récipient. Ajoutez la gélatine et les blancs d'œufs, puis mélangez délicatement. Présentez la mousse dans des coupes de service, couvrez et conservez 2 heures au réfrigérateur. Au moment de servir, décorez de fruits rouges.

Par portion lipides 0,2 g ; 169 kcal ; graisses saturées 0,1 g ; fibres 0,9 g ; glucides 32,8 g ; IG = 50

Gâteau aux prunes et à la cannelle

Pour 12 personnes.

PRÉPARATION 15 MINUTES • CUISSON 25 MINUTES

125 g de margarine allégée
1 c. c. d'essence de vanille
100 g de sucre roux
3 œufs, blancs et jaunes séparés
75 g de farine blanche à levure incorporée
80 g de farine complète à levure incorporée
1 c. c. de cannelle moulue
4 prunes au sirop, égouttées, coupées en deux et dénoyautées
sucre glace (facultatif)

1 Préchauffez le four à 150 °C. Graissez un moule rond et tapissez-le de papier sulfurisé.

2 Battez la margarine, l'essence de vanille, le sucre et les jaunes d'œufs. Quand le mélange commence à mousser, incorporez les farines et la cannelle.

3 Battez les blancs d'œufs en neige ferme, puis ajoutez-les en plusieurs fois dans la pâte, en mélangeant délicatement avec une cuillère en bois.

4 Versez la pâte dans le moule et garnissez de moitiés de prunes. Faites cuire au four pendant 30 minutes, puis laissez reposer 10 minutes. Démoulez le gâteau sur une grille en métal, puis retournez-le. Au moment de servir, saupoudrez-le de sucre glace.

Par portion lipides 6,8 g ; 198 kcal ; graisses saturées 2,5 g ; fibres 1,2 g ; glucides 18,6 g ; IG = 60

Brownie au chocolat

Pour 16 personnes.

PRÉPARATION 15 MINUTES • CUISSON 25 MINUTES

2 œufs
75 g de sucre roux
2 c. c. de café soluble
2 c. s. de cacao en poudre
1 c. s. d'eau
1 c. s. d'huile d'olive
40 g de margarine allégée
40 g de farine complète à levure incorporée
120 g de chocolat noir en tablette

1 Préchauffez le four à 150 °C. Graissez un moule carré et tapissez-le de papier sulfurisé.

2 Battez les œufs et le sucre jusqu'à obtention d'un mélange mousseux.

3 Mélangez le café, le cacao, l'eau et l'huile. Ajoutez la margarine, puis le chocolat noir. Faites chauffer le mélange au bain-marie jusqu'à ce que le chocolat soit fondu. Versez cette préparation sur les œufs battus, ajoutez la farine et mélangez avec une spatule en bois jusqu'à obtention d'une pâte lisse.

4 Versez la pâte dans le moule et faites cuire 25 minutes au four. Le gâteau doit être ferme au toucher. Laissez-le reposer 30 minutes, puis démoulez-le. Servez tiède ou froid, avec de la crème fraîche allégée.

Par portion lipides 3,8 g ; 73 kcal ; graisses saturées 0,6 g ; fibres 0,2 g ; glucides 4,7 g ; IG = 60

Cake aux dattes

Pour 14 personnes.

PRÉPARATION 20 MINUTES • CUISSON 1 HEURE

170 g de dattes dénoyautées, coupées en deux
2 c. s. d'eau bouillante
1/2 c. c. de bicarbonate de soude
60 g de margarine allégée
2 c. c. de zeste de citron, finement râpé
150 g de sucre roux
200 g de cottage cheese
2 œufs
320 g de farine complète à levure incorporée

1 Préchauffez le four à 120 °C. Graissez un moule à cake et tapissez-le de papier sulfurisé en laissant le papier dépasser de 5 cm sur les côtés.

2 Mélangez les dattes, l'eau et le bicarbonate de soude. Couvrez et laissez reposer 5 minutes.

3 Battez la margarine, le zeste de citron et le sucre jusqu'à obtention d'un mélange mousseux. Ajoutez le cottage cheese, sans cesser de battre, puis incorporez les œufs un à un. Fouettez jusqu'à ce que tous les ingrédients soient bien mélangés.

4 Ajoutez la farine et les dattes. Versez la pâte dans le moule.

5 Faites cuire 1 heure au four. Laissez reposer 10 minutes, puis démoulez sur une grille métallique. Laissez refroidir.

Par portion lipides 3,2 g ; 186 kcal ; graisses saturées 0,5 g ; fibres 2,9 g ; glucides 23,7 g ; IG = 70

Tarte chocolatée à la ricotta

Pour 8 personnes.

PRÉPARATION 15 MINUTES • RÉFRIGÉRATION 30 MINUTES • CUISSON 35 MINUTES

35 g de farine blanche à levure incorporée
40 g de farine complète à levure incorporée
2 c. s. de sucre en poudre
2 c. c. de cacao en poudre
30 g de margarine allégée
2 c. c. d'eau
1 jaune d'œuf

Garniture à la ricotta
150 g de ricotta allégée
1 œuf
1 jaune d'œuf
70 g de yaourt allégé
55 g de sucre en poudre
2 c. c. de farine blanche
2 c. s. de pépites de chocolat noir
2 c. c. de liqueur au café

1 Graissez un moule à tarte à fond amovible.

2 Mélangez grossièrement les farines, le sucre, le cacao et la margarine. Ajoutez l'eau et le jaune d'œuf. Travaillez les ingrédients pour obtenir une pâte homogène. Pétrissez délicatement cette pâte sur une surface farinée jusqu'à ce qu'elle soit lisse. Couvrez et réservez 30 minutes au réfrigérateur.

3 Préchauffez le four à 150 °C.

4 Étalez la pâte dans le moule et couvrez-la d'une feuille de papier sulfurisé. Garnissez de haricots secs et faites cuire 10 minutes au four. Retirez les haricots et le papier sulfurisé. Faites cuire encore 5 minutes, jusqu'à ce que la pâte soit dorée. Laissez refroidir.

5 Versez la garniture à la ricotta sur la pâte et remettez à cuire 20 minutes à four moyen. Laissez refroidir, puis mettez la tarte au réfrigérateur jusqu'à ce qu'elle soit ferme.

Garniture à la ricotta Fouettez la ricotta, l'œuf, le jaune d'œuf, le yaourt, le sucre et la farine dans un récipient jusqu'à obtention d'un mélange lisse. Incorporez les pépites de chocolat et la liqueur au café.

Par portion lipides 6,5 g ; 169 kcal ; graisses saturées 2,9 g ; fibres 1,2 g ; glucides 21 g ; IG = 60

Muffins aux abricots

Pour 12 pièces.

PRÉPARATION 20 MINUTES • CUISSON 20 MINUTES

150 g de sucre roux
12 moitiés d'abricots au sirop, égouttées
2 œufs
90 g de poudre d'amandes
1 c. c. d'essence de vanille
50 g de farine complète à levure incorporée
125 ml de lait écrémé
80 g de confiture d'abricots allégée, tiède

1. Préchauffez le four à 150 °C. Graissez 12 alvéoles d'un moule à muffins.
2. Saupoudrez de sucre les alvéoles, puis ajoutez une moitié d'abricot dans chaque alvéole.
3. Battez les œufs et le sucre jusqu'à ce que le mélange soit mousseux. Ajoutez la poudre d'amandes, l'essence de vanille, la farine et le lait. Versez le mélange dans le moule.
4. Faites cuire 20 minutes au four. Laissez reposer 5 minutes à température ambiante et démoulez les muffins. Badigeonnez-les aussitôt de confiture d'abricots. Servez chaud ou à température ambiante.

Par portion lipides 5,2 g ; 132 kcal ; graisses saturées 0,6 g ; fibres 1,4 g ; glucides 18,2 g ; IG = 60

Cheesecake aux figues

Pour 16 personnes.

PRÉPARATION 25 MINUTES • RÉFRIGÉRATION 4 HEURES

11 petits-beurre (135 g)
2 c. c. de gélatine
2 c. s. d'eau
200 g de yaourt allégé
250 g de fromage frais
90 g de miel
1 c. c. de cardamome moulue
2 figues fraîches, coupées en quartiers

1 Graissez un moule à gâteau carré et tapissez le fond et les côtés de papier sulfurisé.
2 Étalez les petits-beurre au fond du moule en les recoupant au besoin pour couvrir toute la surface.
3 Mélangez la gélatine et l'eau et faites chauffer le tout au bain-marie, en remuant régulièrement, jusqu'à ce que la gélatine soit dissoute. Laissez refroidir 5 minutes.
4 Battez le yaourt et le fromage frais jusqu'à obtention d'un mélange lisse. Ajoutez le miel et la cardamome, puis la gélatine. Versez la préparation dans le moule. Couvrez et placez 4 heures au réfrigérateur, jusqu'à ce que le cheesecake soit bien ferme. Découpez-le en portions, garnissez de quartiers de figues et servez aussitôt.

Par portion lipides 3,6 g ; 92 kcal ; graisses saturées 1,3 g ; fibres 0,2 g ; glucides 6,6 g ; IG = 50

Moelleux à l'orange

Pour 12 personnes.

PRÉPARATION 15 MINUTES • CUISSON 20 MINUTES

4 grosses oranges
60 g de margarine allégée
220 g de sucre en poudre
2 œufs
40 g de poudre d'amandes
160 g de farine complète à levure incorporée
2 c. s. de lait de soja allégé

1. Préchauffez le four à 120 °C. Graissez un moule à gâteau rond et tapissez-le de papier sulfurisé.
2. Prélevez le zeste d'une orange. Râpez finement la valeur d'une demi-cuillerée à café de zeste et détaillez en fines lanières le reste. Pressez l'orange pelée et réservez 160 ml de jus. Pelez à vif les trois oranges restantes. Séparez les quartiers. Réservez-les.
3. Fouettez la margarine, 40 g de sucre et le zeste râpé jusqu'à obtention d'un mélange mousseux. Ajoutez les œufs sans cesser de battre, puis la poudre d'amandes, la farine, 1 cuillerée à soupe de jus d'orange et le lait de soja. Mélangez bien. Versez la pâte dans le moule préparé et faites cuire 20 minutes au four.
4. Pendant ce temps, mélangez le reste du jus d'orange et le reste du sucre dans une casserole. Faites chauffer le tout jusqu'à ce que le sucre soit dissous, puis portez à ébullition. Ajoutez les lanières de zeste. Baissez le feu et laissez mijoter 3 minutes environ, jusqu'à ce que le sirop ait légèrement épaissi.
5. Sortez le gâteau du four. Laissez-le reposer 5 minutes, puis démoulez-le sur une grille. Piquez le gâteau en plusieurs endroits avec une brochette. Badigeonnez-le avec 60 ml de sirop chaud et servez aussitôt, avec les quartiers d'orange et le reste du sirop.

Par portion lipides 5,3 g ; 180 kcal ; graisses saturées 0,8 g ; fibres 2,5 g ; glucides 30,7 g ; IG = 60

Gâteau à la framboise

Pour 12 personnes.

PRÉPARATION 30 MINUTES • CUISSON 1 H 05

125 g de margarine allégée
165 g de sucre roux
2 œufs
200 g de farine complète à levure incorporée
140 g de yaourt allégé
100 g de framboises surgelées

Glaçage
80 g de fromage frais allégé
55 g de sucre glace
1 c. c. de jus de citron

1. Préchauffez le four à 150 °C. Graissez un moule à cake et tapissez-le de papier sulfurisé.
2. Fouettez la margarine et le sucre jusqu'à obtention d'un mélange mousseux. Ajoutez les œufs un à un, sans cesser de fouetter.
3. Incorporez la farine, le yaourt et les framboises, mélangez bien, puis étalez la pâte dans le moule préparé.
4. Faites cuire 1 h 05 au four. Sortez le gâteau, laissez-le reposer 5 minutes à température ambiante, puis démoulez-le sur une grille. Au moment de servir, présentez le gâteau sur un plat et étalez dessus le glaçage à l'aide d'une spatule souple.

Glaçage Fouettez le fromage frais, le sucre et le jus de citron jusqu'à obtention d'un mélange homogène.

Par portion lipides 1,5 g ; 137 kcal ; graisses saturées 0,8 g ; fibres 2,3 g ; glucides 28 g ; IG = 65

Glace vanille, sauce expresso

Pour 4 personnes.

PRÉPARATION 10 MINUTES • CONGÉLATION 4 HEURES • CUISSON 15 MINUTES

1 gousse de vanille
250 ml de lait en poudre allégé
80 ml de crème allégée
2 jaunes d'œufs
110 g de sucre en poudre
125 ml d'eau bouillante
1 c. s. de grains de café moulus

1. Fendez la gousse de vanille dans la longueur et prélevez les graines. Mettez les graines et la gousse dans une casserole, avec le lait en poudre et la crème ; portez à ébullition. Retirez du feu et couvrez ; laissez reposer 20 minutes. Retirez la gousse de vanille.
2. Battez les jaunes d'œufs et le sucre jusqu'à obtention d'un mélange mousseux, puis versez progressivement ce dernier dans la casserole de lait vanillé.
3. Faites cuire la préparation 15 minutes à feu doux, jusqu'à épaississement.
4. Filtrez la préparation au tamis fin puis versez-la dans un moule métallique carré. Couvrez de papier d'aluminium et laissez refroidir à température ambiante. Congelez ensuite la glace jusqu'à ce qu'elle soit presque prise.
5. Démoulez la glace et coupez-la grossièrement. Mixez-la jusqu'à ce qu'elle soit lisse, puis versez-la dans un moule rectangulaire. Congelez jusqu'à ce que la glace soit très ferme.
6. Mélangez l'eau et le café dans une cafetière à piston. Laissez reposer 2 minutes avant d'enfoncer le piston, puis encore 5 minutes avant de verser sur la glace. Servez aussitôt.

Par portion lipides 7 g ; 231 kcal ; graisses saturées 3,7 g ; fibres 0 g ; glucides 35,6 g ; IG = 60

Gelée à la mangue

Pour 6 personnes.

PRÉPARATION 5 MINUTES • RÉFRIGÉRATION 2 H 20

85 g de cristaux de gelatine à la mangue
250 ml d'eau bouillante
400 g de yaourt allégé aux fruits exotiques
1 mangue moyenne, hachée grossièrement
1 banane moyenne, en tranches fines
1 kiwi moyen, en tranches fines
2 c. s. de pulpe de fruit de la passion

1 Faites dissoudre les cristaux de gelée dans l'eau bouillante, puis laissez refroidir 20 minutes au réfrigérateur (la gelée ne doit pas être ferme).

2 Ajoutez le yaourt et la mangue. Mélangez bien et versez la préparation dans les coupes de service. Couvrez et réservez 2 heures au réfrigérateur. Au moment de servir, décorez de tranches de bananes et de kiwis et de pulpe de fruit de la passion.

Par portion graisses 1 g ; 172 kcal ; graisses saturées 0,5 g ; fibres 2,6 g ; glucides 36,3 g ; IG = 35

Glossaire

All-Bran
Céréales pour le petit déjeuner, à base de son de blé. Faibles en graisses et riches en fibres.

Amandes
Fruits de l'amandier dont la graine, comestible, est riche en huile.
Effilées En fines lamelles.
Mondées Épluchées.
En poudre Les amandes réduites en poudre ont la texture d'une farine.
Pralines Amandes rissolées dans du sucre bouillant.

Barbecue (sauce)
Sauce épicée à base de tomates servant à badigeonner les viandes. Peut également être utilisée en accompagnement.

Babeurre
Liquide résultant du battage de la crème dans la préparation du beurre. Vendu en grandes surfaces. Un bon substitut allégé de la crème. À utiliser en pâtisserie, dans les sauces et les vinaigrettes.

Betterave potagère
Plante à racine charnue, ronde et rouge. Très nutritive. Consommée cuite le plus souvent, en purée, en tranches, en julienne, etc.

Bok choy
Aussi connu sous le nom de chou blanc chinois, ce légume ressemble aux blettes. Il a un goût frais, légèrement piquant. Excellent sauté ou braisé. Les pousses de bok choy sont plus tendres et plus délicates.

Bœuf
Pour les recettes de cet ouvrage, utilisez de préférence une pièce de bœuf tendre et maigre. Filet et rumsteck sont de tout premier choix, mais on peut les remplacer par du faux-filet, de l'entrecôte, des aiguillettes, de l'aloyau, de l'onglet, de la bavette ou encore de la tranche à fondue.

Bouillon
Une tablette (ou 1 cuillerée à café de bouillon en poudre) permet d'obtenir 250 ml de bouillon. Dans le cadre d'un régime alimentaire, choisissez des bouillons allégés et ne salez pas la préparation.

Boulgour
Grains de blé décortiqués et cuits à la vapeur, puis broyés. Utilisé dans la cuisine du Moyen-Orient, pour le taboulé par exemple.

Brochettes
Vous pouvez utiliser des brochettes en bambou ou en métal. Frottez d'huile les brochettes métalliques pour éviter que la viande n'adhère et faites tremper les brochettes en bambou au moins 1 heure avant utilisation pour éviter qu'elles ne se cassent sous l'action de la chaleur.

Brocoli
Légume de la famille du chou présentant des petites inflorescences vertes au bout de la tige. Les tiges se consomment, mais nécessitent une cuisson plus longue que les fleurs.

Brocoli chinois
Légume vert à longues feuilles. On peut le remplacer par des blettes.

Brocolini
Un hybride entre le brocoli et le chou chinois. Plus doux et plus tendre que le brocoli. Chaque longue tige est garnie d'un bouquet de fleurs vertes souples qui rappellent celles du brocoli. Le brocolini est entièrement comestible de la fleur à la tige. On peut le remplacer par du brocoli chinois ou du brocoli.

Câpre
Bouton à fleur d'une plante méditerranéenne, cuit dans du vinaigre ou séché et salé. Son goût légèrement piquant relève sauces et condiments.

Cardamome
Fruit d'une plante originaire d'Asie et d'Afrique, elle se consomme entière ou moulue, comme le poivre. Saveur très parfumée, à la fois poivrée et douce.

Carvi
Plante également appelée cumin des prés, qui produit des graines noires au goût d'anis.

Champignons
Brun suisse Champignon allant du marron clair au marron foncé ; goût léger.
Champignon de Paris Petit champignon blanc au goût délicat.
Shiitake Petit champignon frais au goût prononcé. Se vend également séché dans les épiceries asiatiques.

Chapelure
Poudre élaborée avec du pain rassis réduit en miettes. On trouve de la chapelure toute prête dans le commerce.

Cheddar
Fromage de vache à pâte orangée, au goût très prononcé. À consommer de préférence vieilli et dur. On peut le remplacer par de la mimolette, mais celle-ci est moins savoureuse.

Chou chinois
Également connu sous le nom de chou de Pékin. Ressemble à une salade, mais son goût est proche de celui du chou vert.

Choy sum
Légume chinois à grandes feuilles.

Cidre
Boisson alcoolisée obtenue par la fermentation du jus de pomme. Peut être brut, demi-brut ou doux.

Citronnelle
Herbe longue, touffue, au goût et à l'odeur de citron. On hache l'extrémité blanche des tiges. Très utilisée dans la cuisine asiatique.

Coco (noix de)
Crème Première pression de la chair mûre des noix. Disponible en boîte ou en berlingot.
Lait Deuxième pression (moins calorique). Disponible en boîte ou en berlingot. On trouve aussi du lait de coco écrémé.

Coriandre
Aussi appelée persil arabe ou chinois, car on la trouve beaucoup dans la cuisine nord-africaine et asiatique ; on utilise les feuilles, les racines ou les graines.

Cottage cheese
Fromage frais non affiné, originaire des États-Unis et fabriqué avec du lait écrémé. Son grain peut être épais et floconneux ou bien fin. S'il comporte plus de 4 % de matières grasses, on l'appelle « creamed cottage cheese ».

Couscous
Céréale en grains fins, originaire d'Afrique du Nord. Confectionnée avec de la semoule roulée en boules.

Crème fraîche
35% de matières grasses minimum. Sans additifs, contrairement à la crème épaisse. On peut la remplacer par du fromage blanc, moins riche, ou de la crème fraîche allégée (18 % de matières grasses).

Cumin
Plante produisant des graines allongées, brun clair ou jaune pâle. Saveur âcre et aromatique.

Curcuma
Cette épice de la famille du gingembre est une racine qu'on réduit en poudre ; elle possède une saveur épicée, mais non piquante.

Curry
Pâte Préparation à base d'épices vendue dans le commerce, plus ou moins relevée.
Poudre Mélange d'épices moulues, commode pour préparer les plats indiens. Comporte, dans des proportions diverses, du piment séché, de la cannelle, de la coriandre, du cumin, du fenouil, du fenugrec, du macis, de la cardamome et du curcuma. Choisissez celle qui vous convient.

Eau de rose
Essence de rose diluée dans de l'eau.

Feta
Fromage de brebis d'origine grecque, dur et friable, au goût très fort.

Flocons
On trouve des flocons de riz, d'orge, d'avoine, de seigle, etc. Les grains sont cuits à la vapeur puis aplatis. Disponibles dans les magasins diététiques et les grandes surfaces.

Fontina
Fromage à pâte lisse et ferme au goût de noisette, à la croûte brune ou rouge.

Fruit de la passion
Fruit tropical. Vous pouvez vous servir du jus pour « lier » vos salades de fruits.

Germes
Pousses tendres de graines que l'on fait germer pour être consommées. On trouve principalement des germes de soja, de haricots mung et d'alfalfa.

Gingembre
Frais C'est la racine épaisse et noueuse d'une plante tropicale. On peut le conserver, pelé et recouvert de xérès sec au réfrigérateur, ou nature, au congélateur.
Moulu On l'utilise pour parfumer les gâteaux. Pour la cuisine, il n'est qu'un substitut du gingembre frais.
Rose Coupé en fines lamelles, il est conservé dans le vinaigre et du sucre auxquels on a ajouté un colorant. Il est vendu en bocal dans les boutiques asiatiques.

Haloumi
Fromage frais de brebis ou de vache, originaire du Moyen-Orient. Son format, sa texture et son goût ressemblent à ceux de la mozzarella.

Haricots
Blancs Graines de haricots, sèches, plus ou moins grosses selon les espèces : lingots, cocos, Soissons, haricots tarbais… Nécessitent souvent un trempage préalable (eau froide, puis ébullition plus ou moins longue selon les variétés).
Chinois Haricots de soja salés et fermentés que l'on trouve en conserve ou en bocaux. Utilisés le plus souvent dans la cuisine asiatique. Coupez-les ou réduisez-les en purée en cours de cuisson pour en libérer la saveur.

Huile
Arachide À base de cacahuètes moulues. Présente l'avantage de chauffer sans fumer.
Huile de graines de moutarde Une huile légère, obtenue par la première pression de graines de moutarde. Peut être remplacée par de l'huile de noisette ou de noix.
Olive Les meilleures proviennent du premier pressage de la récolte. Excellentes dans les salades et comme ingrédient.
Sésame À base de graines de sésame blanc rôties et pilées. Plus pour parfumer que pour cuisiner.
Végétale À base de plantes. Plus saine que les graisses d'origine animale.

Jambon
Pour les recettes de ce livre, nous utilisons du jambon allégé contenant 2,3 g de matières grasses pour 100 g, soit la moitié de la teneur normale.

Ketjap manis
Sauce de soja indonésienne, épaisse et sucrée, contenant du sucre et des épices.

Kumara
Patate douce de couleur orangée. Vendue dans les magasins de produits exotiques.

Lavash (pain)
Pain méditerranéen plat, sans levure. Vendu en grandes feuilles sous cellophane dans les supermarchés.

Lentille corail
Lentille orange originaire du Moyen-Orient et que l'on trouve dans les magasins de produits exotiques.

Linguine
Pâtes longues et fines qui ressemblent à des spaghettis.

Maïzena
Farine de maïs. Sert à épaissir.

Mayonnaise
Nous utilisons de la mayonnaise contenant moins de 3 g de matières grasses pour 100 g.

Mélasse
Résidu sirupeux de la cristallisation du sucre.

Menthe vietnamienne
Aussi connue sous le nom de feuilles laksa.

Mesclun
Assortiment de diverses salades et de jeunes pousses.

Moutarde
Graines de moutarde Les graines noires ou marron sont plus fortes que les graines blanches (ou jaunes) utilisées dans la plupart des moutardes.
Moutarde à l'ancienne Très parfumée, avec des graines concassées.
Moutarde de Dijon Jaunâtre et lisse. Généralement très relevée.

Mozzarella
Petites boules de fromage frais conservées dans leur petit-lait, à garder au réfrigérateur. La « mozzarella di buffala » (au lait de bufflonne) a un goût plus prononcé que la mozzarella au lait de vache. On trouve dans les épiceries italiennes de la mozzarella fumée.

Nouilles
Aux œufs frais À base de farine de blé et d'œufs.
Au riz, fraîches Larges, épaisses, presque blanches. À base de riz et d'huile végétale. Doivent être couvertes d'eau bouillante pour éliminer l'amidon et l'excédent de graisse. Utilisées dans les soupes et les plats sautés.
De soja Nouilles blanches, vendues sous forme de petits paquets ficelés dans les épiceries asiatiques. À consommer dans les soupes, les salades ou sautées avec des légumes.
Hokkien Nouilles de blé fraîches japonaises, ressemblant à un épais spaghetti brun-jaune. Doivent être précuites.
Vermicelles de riz À base de riz moulu. Les consommer soit frites, soit sautées après les avoir fait tremper, ou bien dans une soupe.

Nuoc-mâm
Sauce à base de poisson fermenté salé réduit en poudre (généralement des anchois). Très odorante, elle a un goût très marqué. Il en existe des plus ou moins fortes.

Oignons
De printemps Bulbe blanc, relativement doux aux longues feuilles vertes et croquantes.
Jaune Oignon à chair piquante ; utilisé dans toutes sortes de plats.
Rouge Également appelé oignon espagnol. Plus doux que l'oignon blanc, il est délicieux cru dans les salades.
Vert Oignon cueilli avant la formation du bulbe, dont on mange la tige verte.

Orge
Céréale utilisée dans les soupes et les ragoûts.
Orge perlé Graines dépouillées de leurs deux pellicules et réduites en petits grains ronds entre deux meules.
Flocons d'orge Orge cuit à la vapeur et aplati. Sert d'épaississant dans les soupes et les ragoûts. Egalement utilisé dans le porridge et le müesli et en garniture pour les crumbles.

Pide
Pain turc plat, à base de farine de blé.

Pépino
Petit concombre libanais. Sa chair est ferme et il contient moins de pépins que le concombre normal.

Pépitas
Graines de potiron séchées. Vendues salées ou nature.

Pignons de pin
Petites graines beiges provenant des pommes de pin.

Pita
Pain libanais très plat que l'on peut ouvrir pour le garnir.

Pois chiches
Légumineuse ronde couleur sable. Très courant dans la cuisine espagnole et méditerranéenne.

Poivrons
Selon qu'ils sont rouges, verts, jaunes ou violet foncé, ils n'ont pas le même goût. Veillez à retirer les graines et les membranes avant de les cuisiner.

Polenta
Semoule de maïs ; ressemble à la farine de maïs, mais en plus grossier. Plat du même nom.

Ricotta
Fromage frais italien au goût très doux. Vendu dans les magasins spécialisés et dans les grandes surfaces.

Risoni
Petite pâte en forme de riz très semblable à une autre variété appelée orzo.

Riz
Arborio Riz à grains ronds qui absorbe bien le liquide. Idéal pour le risotto.
Riz au jasmin Riz à longs grains très aromatique.
Basmati Riz blanc parfumé à longs grains. Il convient de le rincer plusieurs fois avant de le cuire.
Doongara Variété de riz à longs grains, sans gluten. Il bénéficie d'un index

glycémique plus faible que la plupart des autres variétés. Parce qu'il est absorbé plus lentement dans le flux sanguin, il contribue à fournir une énergie soutenue.

Feuilles de riz Feuilles très fines fabriquées avec de la pâte de riz. On les plonge dans l'eau chaude pour les assouplir avant de les garnir.

Roquette
Salade à petites feuilles découpées, au goût poivré prononcé.

Safran
Stigmates d'une variété de crocus. Se vend en filaments ou moulu. Donne une couleur orangée. L'épice la plus chère du monde. Reste frais plus longtemps s'il est conservé au réfrigérateur.

Sirop d'érable
Sève distillée de l'érable. Il en existe une variété à base de sucre de canne et d'essence artificielle qui ne saurait se substituer au vrai sirop d'érable.

Sauces
Aux huîtres Sauce asiatique riche de couleur foncée ; à base d'huîtres en saumure et de sauce de soja.
Aux piments douce Sauce thaïlandaise relativement douce à base de piments rouges, sucre, ail et vinaigre.
De soja Germes de soja fermentés. Il en existe de nombreuses variétés. Nous préférons la variété japonaise, plus douce.

Special K
Céréales de petit-déjeuner pauvre en matières grasses, à base de riz et de blé ; bonne source de calcium et de fer.

Sucre
Dans les recettes, nous avons utilisé du sucre blanc cristallisé, sauf mention contraire.
Roux Appelé aussi cassonade ; sucre doux et fin, partiellement raffiné.
Semoule Sucre blanc, plus fin que le sucre cristallisé ; permet des mélanges plus raffinés en pâtisserie.
De palme Sucre brun foncé à base d'un jus provenant de la fleur du cocotier. Vendu en blocs dans les épiceries asiatiques. On peut le remplacer par du sucre roux.
Glace Sucre granulé moulu contenant une petite quantité de farine de maïs (3 %).

Sumac
Épice moulue de couleur rouge violet provenant des baies d'arbustes qui poussent naturellement autour de la Méditerranée. Ajoute une saveur citronnée, légèrement acide, aux plats.

Tacos
Galettes de maïs frites pliées en deux et que l'on peut garnir à sa convenance.

Tamarin
Fruit du tamarinier. Vendu sous la forme d'une pâte épaisse violet foncé, prête à l'emploi. Donne aux plats un goût acidulé.

Tapioca
Fécule extraite de la graine de manioc, cuite, concassée en flocons et séchée. Utilisée dans les soupes, les desserts et souvent comme agent épaississant ; disponible dans la plupart des supermarchés et les magasins diététiques.

Tikka masala
Mélange d'épices sous forme de pâte ou en poudre, originaire d'Inde : piment, coriandre, cumin, ail, gingembre, curcuma, huile, fenouil, poivre, cannelle et cardamome.

Tofu
Pâte de soja. Blanc cassé, ressemble un peu à du lait caillé. On trouve du tofu frais dans les épiceries exotiques et dans les magasins diététiques.

Tomates
Concentré À utiliser dans les soupes, les ragoûts et les sauces
Cerises Petites tomates rondes très savoureuses.
Olives ou Roma Tomates assez petites, de forme ovale.
Poires Tomates en forme de poire, rouges ou jaunes.
Purée de tomates En conserve ou en brique ; remplace les tomates fraîches pelées et mixées.
Tomates séchées Séchées au soleil et pratiquement déshydratées, elles se vendent en sachet. On les trouve également chez les traiteurs italiens, marinées dans l'huile d'olive avec divers condiments. Délicieuses avec de la roquette et du parmesan.

Tortilla
Pain fin, rond, sans levain, originaire du Mexique. Fait de farine de froment ou de farine de maïs. C'est également le terme employé en Espagne pour désigner une omelette épaisse aux pommes de terre. Vendu dans les magasins de produits exotiques ou les grandes surfaces.

Vanille
(essence de) Substitut de l'extrait de vanille pur, à base de vanilline synthétique et d'autres arômes.
Gousse Provient d'une orchidée tropicale qui pousse à Tahiti ainsi qu'en Amérique centrale et du Sud. Les minuscules graines noires contenues dans la gousse confèrent une saveur vanillée très aromatique aux desserts et pâtisseries. Placez une gousse entière dans un récipient rempli de sucre pour obtenir du sucre vanillé.

Vinaigre
Balsamique Provient exclusivement de la province de Modène en Italie ; fait avec un vin local à base de raisin blanc Trebbiano ; traitement spécial et vieillissement en fûts de bois.
De vin rouge À base de vin rouge fermenté.
De vin blanc À base de vin blanc fermenté.
De cidre À base de pommes fermentées.
De riz À base de riz fermenté.

Wasabi
Poudre de raifort verte entrant dans la composition de la sauce accompagnant traditionnellement les poissons crus japonais. Vendue en tube. Coûteuse. On peut lui substituer du raifort.

Worcestershire (sauce)
Une sauce légère, brun foncé, utilisée comme assaisonnement ou comme condiment.

Table des recettes

Brunchs

Crêpes de sarrasin au citron 19
Milk-shake aux fruits 18
Milk-shake pêche banane 18
Mousse légère au café 18
Müesli aux fruits frais 22
Müesli aux fruits secs 23
Muffins aux dattes 14
Omelettes garnies 24
Pancakes au maïs et confiture
  de tomates rôties aux piments ... 10
Pancakes aux fraises, sauce
  aux myrtilles 26
Porridge de riz aux raisins secs 15
Porridges 12
Salade d'agrumes 16
Toasts grillés au jambon
  et aux œufs 20

Repas légers

Bruschette à la ratatouille 45
Galettes de tofu, sauce aux piments ... 32
Pains garnis à l'agneau et au taboulé ... 36
Pommes de terre rôties, condiment
  à la tomate 31
Rouleaux de poulet à l'indienne 43
Rouleaux de printemps au poulet ... 34
Salade de poulet au citron vert
  et aux piments 40
Salade de riz aux pois chiches
  et aux fruits secs 38
Salade niçoise 35
Soupe à l'orge et aux champignons ... 42
Soupe de betteraves 30
Soupe indienne au poulet 39
Tacos au bœuf et à la salsa
  de tomate 44
Velouté de kumaras à la coriandre ... 28

Plats principaux

Blancs de poulet farcis et purée
  de pommes de terre à la crème
  de maïs 46
Bœuf satay 78
Carré d'agneau aux herbes 60
Daube de bœuf au vin rouge 68
Dhal aux œufs et aux aubergines 74
Filets de rouget grillés aux légumes
  sautés 50
Frittata aux légumes 58
Hachis parmentier aux lentilles 57
Linguine à l'agneau et aux asperges ... 48
Nouilles sautées au tofu 64
Nouilles sautées aux légumes 76
Pizza aux légumes 84
Poisson cajun à la salsa de maïs 62
Porc vindaloo 81
Poulet à l'estragon 70
Poulet grillé au pilaf d'orge 82
Risonis aux fruits de mer 73
Risotto aux artichauts 54
Riz frit 52
Rôti de porc farci 66
Salade thaïe à l'agneau 85
Truite de mer en papillote 49

Desserts

Brownie au chocolat 102
Cake aux dattes 103
Cheesecake aux figues 107
Florentins et glace aux fruits rouges 90
Gâteau à la framboise 111
Gâteau aux poires 91
Gâteau aux prunes et à la cannelle .. 100
Gâteau de riz aux agrumes 88
Gelée à la mangue 114
Glace vanille, sauce expresso 112
Granita au pamplemousse et tuiles
  aux noisettes 92
Moelleux à l'orange 108
Mousse aux fruits rouges 99
Muffins à la fraise et à la rhubarbe ... 98
Muffins aux abricots 106
Poires pochées au sirop d'airelles 94
Pudding aux pommes 96
Strudel aux abricots 95
Tarte chocolatée à la ricotta 104
Tiramisu 86

• MARABOUT CHEF •

Traduction
Sabine Boulongne

Adaptation
Élisabeth Boyer

Mise en page
Domino

Relecture
Armelle Héron et Élodie Libessart

Marabout
43, quai de Grenelle – 75905 Paris Cedex 15

Publié pour la première fois en Australie
en 2002 sous le titre
Low-Fat Food for Life

© 2003 Murdoch Books
© Marabout 2003 pour la traduction et l'adaptation

Tous droits de traduction, d'adaptation et de reproduction réservés
pour tous pays par quelques procédés que ce soit.

Dépôt légal n° 39085 / octobre 2003
ISBN : 2501041003
NUART : 40/0540/1 - Ed. 01

Imprimé en Espagne par Gráficas Estella